法律事務所のための

Chat GPT

利活用ガイドブック

仕組みから解き明かすリーガル・プロンプト

寺島英輔 編著　小谷野雅晴 著
TERASHIMA EISUKE　KOYANO MASAHARU

日本加除出版株式会社

はしがき

　2022 年 11 月 30 日における OpenAI による ChatGPT の公表後、大規模言語モデルは、質問に対するポイントを的確に捉えた応答を流暢な表現で生成し、さらに論理破綻もないことが大変な驚異であるとして、瞬く間に喧伝される一方、幻覚（hallucination）、バイアス（bias）、偽情報の作成やサイバー犯罪への悪用（prompt injection）、著作権侵害、個人情報・機密情報の漏洩の危険性、大部分のホワイトカラーの仕事が大規模言語モデルを含む生成 AI によって何らかの形で影響を受けるといった脅威の側面についても問題視されるようになった。

　弁護士をはじめとする法律家もまた、今後、生成 AI によって業務に影響を受けることは間違いないと思われ、近い将来においては生成 AI の利活用が不可欠な時代が到来すると予測される。生成 AI の基本的な原理やコンピュータの中の処理内容を、その概要だけでも知っておくことは、今後において法律分野における各種タスクに特化した生成 AI ないし大規模言語モデルを用いたサービスがリリースされた後にも、それらをより有効に、かつ安全に利活用するために役立つであろう。原理の理解といっても、難しい数式の理解までは必要ない。

　本書籍は、法律実務家向けに、巷間取り沙汰されている生成 AI の技術的原理、その特性・得手不得手を踏まえ、法律事務所における諸々の業務に安全に利活用するための具体的な方策について触れた初の書籍である。現在最先端の生成 AI がどのような原理に基づき動いていて、それがどのような潜在的な危険を孕んでいて、そのような危険を踏まえてどのように利活用していくべきであろうか。法律事務所で行われている業務は、一体どのようなタスクの集合体であって、その中から生成 AI を利活用すべき、あるいは利活用できる業務をどのように選別するか。こういったことを比較的短期間で集中して研究を行い、その成果を一冊の書籍にしたものが本書である。生成 AI の「脅威」に関する論点整理や理解しておくべき対処法にも適宜触れつつ、生成 AI の「驚異」を法律事務所での様々な業務に利活用する方法を紹介することで、有効かつ安全に利活用していただくことを狙いとした。

　生成 AI の技術的原理（確率的・統計的処理、知識の不足）と現在の生成 AI の技術水準（推論能力の不足）によれば、最先端の技術をもってしても、生成 AI が法的推論過程を含む精緻な法律文書を生成することはできない。本書籍は、生成 AI の技術的原理・最先端の科学論文の内容と法的推論過程のそれぞれに触れながら、弁護士のコアな業務における執筆時点での生成 AI の限界について明らかにした。

　もっとも、精緻な法律文書の生成まではできなくても、利活用できる場面や業務の幅は極めて大きい。生成 AI の技術的原理・特性、得意とするタスクとそうでないタスクといったことを、概要だけでも理解していれば、無償版の ChatGPT でも非常に幅広く利活用することが可能である。実際、本書籍を執筆するに際しても、色々な場面で ChatGPT の回答を適宜参考にさせていただいている。

　本書籍は、ChatGPT に全く触れたことのない法律事務所所属の方々や、触れたことはあっても、生成 AI の「脅威」が巷間取り沙汰される中で、ChatGPT の基本的な原理や使い方も分からずに漠然と使うことに躊躇があるという方々を対象としている。そこで、本書籍では、「まずは無償版よりはじめよ」、「悩んだらまず ChatGPT に聞いてみよう」をモットーに、無償版の ChatGPT（GPT-3.5 をベースとしたサービス）を利用して、法律事務所において利活用できる各種のタスクに対し、適宜工夫したプロンプトを実際に ChatGPT に入力するデモンストレーションを行い、その回答と併せて掲載した。これらを適宜参照していただき、法律事務所において必要となる様々な業務タスクに対し、生成 AI を利用する際の問題点にも留意しつつ、実際に色々なプロンプトを入力するなど試行錯誤して、ChatGPT の得手不得手を実感しつつ業務に役立てていただきたい。

　本書籍の執筆に際し、共著者の小谷野雅晴弁護士（自由民主党「AI の進化と実装に関するプロジェクトチーム」ワーキンググループメンバー）には、執筆開始から脱稿まで 1 か月半という極めてタイトな執筆スケジュールの中、情報収集と原稿執筆のために多大なる労を執っていただいた。また、当職が所属するインテックス法律特許事務所の技術法務スタッフである水谷孝三氏（Ph.D., 英語に堪能）には、生成 AI の技術やプロンプト・エンジニアリン

グに関する多数の有益な助言をいただいた。さらに、本書籍の編集スタッフである日本加除出版の朝比奈耕平氏には、書籍のテーマや内容に関し様々な有益な助言をいただいた。本書籍執筆のため諸々とご尽力いただいたお三方には、深謝申し上げる次第である。

　本書籍では、執筆時点では最新の技術水準の生成 AI について、その技術的原理・特性も含めて紹介している。もとより説明の誤りや巧拙の責任はすべて筆者にある。

　生成 AI の技術やそのビジネス応用は日進月歩の変化を遂げつつある。各国政府の対応も日々刻々と更新される。来るべき生成 AI を用いた超高性能リーガルテック導入の日に備え、常に最新の情報に注意を払いながら、法律事務所や弁護士業務での有益かつ安全な利活用のための工夫と試行錯誤を重ねていただくことが重要と考えている。本書がその一助になれば幸甚である。

2023 年 10 月

寺　島　英　輔

目 次

序 章——————————————————————————— 1

第 1 章　**生成 AI の原理と特性**——————————— 5

1　ChatGPT とは何か？……………………………………………… 5
2　いわゆる「生成 AI」・「大規模言語モデル」に共通する特徴……… 6
3　生成 AI の技術的原理……………………………………………… 8
　(1)　はじめに　8
　(2)　生成 AI が行っているコンピュータ処理の概要　8
　(3)　生成 AI・LLMs の学習方法　13
　(4)　生成 AI の驚異を産み出した Transformer アーキテクチャ　14
4　生成 AI の「驚異」と有効な活用法………………………………… 17
　(1)　様々なタスクを高い精度でこなす汎用的な能力　17
　(2)　仕事や創造活動の生産性を飛躍的に上昇させる可能性　18
　(3)　一般的に便利と言われている利活用の方法　19
5　生成 AI の「脅威」と問題点……………………………………… 20
　(1)　真偽不明の情報が大量に流布するおそれ（hallucination）　20
　(2)　バイアスを含む学習データにより学習された大規模言語モデル
　　　による応答はバイアスを含んでしまう（bias）　22
　(3)　偽情報（disinformation）・有害コンテンツ（harmful content）
　　　生成、サイバー犯罪（prompt injection など）への悪用　23
　(4)　個人情報や企業秘密の漏えい（privacy, compliance）　24
　(5)　知的財産権（特に著作権）の侵害のおそれ　26
　・コラム・　ChatGPT の出力結果を訴訟においてそのまま法廷に提出するこ
　　　との危険性…………………………………………………… 27

第 2 章　生成 AI を利活用する際に生じる法的問題点その他の諸問題──── 29

1　はじめに………………………………………………………………… 29
　(1)　生成 AI 関連の法的論点や周辺問題を概観する　29
　(2)　生成 AI の規制に関する日本や諸外国の動向に常に注意を払う
　　　30

2　生成 AI の利活用と著作権侵害のリスク……………………………… 30
　(1)　文化庁著作権課「AI と著作権」に従った整理　30
　(2)　著作権法の基本　32
　(3)　生成 AI の開発・学習段階における著作権法上の問題　34
　(4)　生成 AI の生成・利用段階における著作権法上の問題　38
　(5)　AI 生成物の「著作物」該当性について　44

3　生成 AI の利活用と個人情報・会社の機密情報漏えいの危険……… 47
　(1)　個人情報や機密情報を生成 AI に入力する行為の問題点　47
　(2)　個人情報の適正な取扱いとプライバシー保護の重要性　47
　(3)　企業の機密情報漏えいの防止　51

4　生成 AI の利用により取引先・顧客に虚偽の情報を提供する危険…… 52
　(1)　「幻覚」(hallucination) 現象の危険　52
　(2)　生成 AI の利用により虚偽の情報を提供した場合の法的責任　52

5　今後の日本における法改正の方向性について………………………… 53

・コラム・　生成 AI と著作権についてのディベート………………………… 55

第 3 章　法律事務所において生成 AI を利活用する際に留意すべき諸事項──── 61

1　はじめに………………………………………………………………… 61
2　弁護士が負う守秘義務と生成 AI の利用時における個人情報・機密情報等の取扱い……………………………………………………………… 62
　(1)　個人情報保護法・ガイドラインの遵守　62

⑵　弁護士法・弁護士職務基本規程の遵守　62

⑶　弁護士情報セキュリティ規程の制定と遵守　64

3　弁護士業務と著作権法その他の法令・規則との関係について ……… 68

⑴　生成 AI による文章の生成と依拠性・著作権法 30 条の 4 該当性
　　68

⑵　裁判手続等における複製　69

⑶　裁判手続等における生成 AI の利用について　70

4　AI 契約審査サービス・チャットによる法律相談サービスについて
………………………………………………………………………… 72

5　生成 AI 開発元やサービス提供元の利用規約・プライバシーポリシ
ーを確認すべきこと ………………………………………………… 73

6　生成 AI 利用ガイドライン策定の重要性 ………………………… 74

⑴　ユーザー個人のリテラシー依存からの脱却の必要性　74

⑵　JDLA「生成 AI の利用ガイドライン」　76

第 ④ 章　**法律事務所において生成 AI を利活用する際の一般的な技法**──── 83

1　生成 AI の特性と限界を理解して安全かつ有効に利活用しよう …… 83

2　プロンプト・エンジニアリング（prompt engineering）…………… 84

⑴　プロンプト・エンジニアリングとは何か？　84

⑵　プロンプトを通じて ChatGPT に指示できるタスクの種類　85

⑶　プロンプトの基本的なテクニック　87

⑷　本文中学習（in-context learning）　98

⑸　ChatGPT の設定（サンプル生成の幅を調節するパラメータ）　99

⑹　プロンプト・エンジニアリングの効用　101

3　発展的なプロンプト〜思考の連鎖（Chain-of-Thought: CoT）……… 101

⑴　思考の連鎖（Chain-of-Thought: CoT）とは何か？　101

⑵　思考の連鎖（Chain-of-Thought: CoT）の後続研究と派生形　106

⑶　思考の連鎖（Chain-of-Thought: CoT）プロンプトの具体例　111

具体例1： 貸金返還請求の可否・内容 ······························· 112

具体例2： 不作為による殺人罪の成否 ··························· 119

具体例3： SEO 対策の契約と解除 ······························· 128

具体例4： 殺人罪と因果関係 ·································· 131

具体例5： 継続的供給契約解除の要件 ························· 136

4 思考の樹木（Tree-of-Thought: ToT）···························· 139

　(1) 自己回帰型（auto-regressive）LLMs の限界について　139

　(2) 思考の樹木（Tree-of-Thought: ToT）とは　141

5 複雑かつ高度な法的推論の過程について〜なぜ現水準の大規模言
　語モデルでは的確な法的推論が難しいのか？ ···················· 143

　(1) 法的推論における法的三段論法について　143

　(2) 法的推論における仮説の検証・修正・更新のらせん状の構造　145

6 現時点での生成 AI の技術水準と法律実務への適用可能領域 ······· 153

　(1) 現時点での生成 AI の限界　153

　(2) 法律家自身による検討・起案の重要性　154

7 将来の展望〜民事裁判の IT 化に関する民事訴訟法改正を見越して
　·· 155

　(1) 民事裁判の IT 化　155

　(2) 訴訟記録のデジタル化（e 事件管理）　156

・**コラム**・ GPT-4 が米国統一司法試験（UBE）に大差で合格！ ············· 159

第5章 生成 AI の法律事務所における利活用のデモンストレーション ——— 161

1 「まずは無償版よりはじめよ」································· 161

2 法律事務所における業務全般での ChatGPT の利活用〜ChatGPT
　を有効に利活用するための重要な視点 ························· 163

　(1) はじめに　163

　(2) 柔軟な発想が要求される問題に対して提案をさせる　164

(3)　論点や事実関係を整理する手段として活用する　165

(4)　正解が決まっている問題に対する解答の検索に使う場合は、自分の専門領域か、自分の専門領域に近い分野で使う方が安全である　165

(5)　「悩んだらまず ChatGPT に聞いてみよう」　166

3　ChatGPT と契約書作成・チェック………………………………………167

4　ChatGPT と法律相談……………………………………………………167

(1)　法律相談への回答　167

具体例 6 ：　クライアントからの法律相談への回答………………………168

具体例 7 ：　難解な法律概念の言い換え…………………………………169

(2)　クライアントの心情に寄り添う　170

具体例 8 ：　婚約の不当破棄の相談を受けた弁護士の対応………………170

(3)　ChatGPT が生成した回答を持って来訪した相談者への対応　172

具体例 9 ：　ChatGPT の回答を持って来訪した相談者への対応…………173

(4)　クライアントから話を「聞き出す」作業について　175

5　ChatGPT と交渉手続…………………………………………………175

(1)　交渉前の準備と戦略立案　175

具体例 10：　賃貸物件の家賃交渉………………………………………176

(2)　折衝点・妥結点の検討　178

具体例 11：　再開発計画をめぐる複雑な交渉とロールプレイ……………179

6　ChatGPT と訴訟手続…………………………………………………182

(1)　訴状・準備書面の作成　182

具体例 12：　事案についての顧客の言い分の要約………………………183

具体例 13：　事実関係の時系列作成……………………………………186

具体例 14：　裁判官の心情に訴えかけ、注意を惹くためのテーマの提案……188

(2)　書証の提出・裁判所を通じた各種申立書の作成　190

(3)　人証調べ　190

具体例 15：　陳述書に基づく尋問事項案の作成…………………………191

(4)　和解　194

具体例 16：　判決か和解かの意思決定と顧客の説得……………………195

7　ChatGPT と刑事弁護 ·· 197

具体例 17：示談の際に参考となるお詫びのポイントやフレーズを含む謝

罪文の作成 ·· 198

8　法律事務所のマネジメント／弁護士の転職活動など ················ 201

具体例 18：所内勉強会のテーマの提案 ·································· 201

具体例 19：事務所旅行のプランの提案 ·································· 202

具体例 20：生成 AI を利用した法律事務所のマーケティング ·············· 205

具体例 21：弁護士の転職活動とロールプレイ ··························· 209

・コラム・ ChatGPT の法的推論能力・訴状起案能力に関する最新の研究 ··· 212

第 6 章　未来への挑戦と展望 ———————————— 215

1　賽は投げられた！ ·· 215

2　生成 AI が変え得る法律実務と専門家たる法曹の判断の不可欠性 ···· 216

執筆者一覧 ·· 219

序 章

　本書籍が取り扱うテーマは、生成 AI の仕組み・特性や長所・短所、生成
AI に関連する法律問題、対話型言語生成 AI の一種である ChatGPT の利活
用術など、多岐にわたっている。そこで、序章では、本書籍の内容の全体を
概観したい。本書籍を通じて読者にお伝えしたいテーマは、大きく分けると
4つある。

　以下の4つのテーマを、限られた時間と紙幅の中で網羅的に解説すること
は困難であるため、筆者が特に重要又は有益な情報と判断した内容や、読者
の方々にとって関心が高いと思われる、法律事務所における ChatGPT の利
活用術を中心として、正確性を損なわず、かつできる限り分かりやすく解説
した。

> テーマ1：
> 生成 AI・大規模言語モデルの原理・特性を知って利活用しよう。

　「第1章　生成 AI の原理と特性」では、生成 AI を用いたサービスの一つ
である ChatGPT について簡単に紹介した上、本書籍が想定している生成
AI が共通して備える特徴やその技術的背景、生成 AI の「驚異」と利活用
の方法について簡略に概説した。生成 AI・大規模言語モデルの仕組みやコ
ンピュータの処理内容を、その概要だけでも理解しておくことは、生成
AI・大規模言語モデルをより有効かつ安全に利活用することに資するとの
考えに基づき、あえて少し詳しめに説明することとした。

　また、新聞報道などでよく取り上げられる生成 AI の「脅威」すなわち、
誤情報の生成（hallucination）、差別・偏見・バイアス（bias）を含む情報の
生成、フェイクニュースやサイバー犯罪への悪用（prompt injection, jail
break）、個人情報・企業秘密の漏えい（privacy, compliance）についても
概説した。

第1章において説明した内容は、基本的に、今後において法律分野における各種タスクに特化した生成 AI・大規模言語モデルをベースとしたサービスがリリースされた後にも妥当するものと考えられるので、よく読んで理解していただきたい。

> テーマ2:
> 生成 AI・大規模言語モデルのポジティブ面（驚異）を弁護士業務に利活用することを考えよう。

「**第4章　法律事務所において生成 AI を利活用する際の一般的な技法**」では、ユーザーが、その意図・目的にできる限り即した応答を生成するための生成 AI への指示文（プロンプト）の作成に関する一般的技法（プロンプト・エンジニアリング）について概説し、「思考の連鎖」と言われる発展的なプロンプト・エンジニアリングの技法やその具体例について詳しく説明した。また、「思考の樹木」といった最先端の考え方についても簡単に紹介した。

併せて、生成 AI の技術的原理・生成 AI に関する執筆時点での最新の科学論文における実験結果と、法律家が日常的に行っている法的推論過程のそれぞれを比較対照し、生成 AI は、執筆時点での技術水準では、法的推論過程を含む精緻な法律文書を生成できるレベルにはないことを、できる限り分かりやすく解説した。

もっとも、GPT-4 のテクニカルレポートの結果や、「思考の連鎖」その他の生成 AI に関する科学論文に挙げられた実験結果は、将来において、大規模言語モデルのスケール則の謎が徐々に解き明かされていくにつれ、複雑かつ高度な法的推論を含む、より精緻な法律文書の生成が可能となることを示唆している。

> テーマ3:
> 生成 AI・大規模言語モデルのネガティブ面（脅威）を考慮して弁護士業務に安全に利活用することを考えよう。

「**第 2 章　生成 AI を利活用する際に生じる法的問題点その他の諸問題**」
では、生成 AI・大規模言語モデルの限界や負の側面に関連する法律問題
（著作権の侵害、個人情報・機密情報の漏えい、虚偽・不正確な内容の生成
に関連する法律問題）と対処法を概説した。

「**第 3 章　法律事務所において生成 AI を利活用する際に留意すべき諸事
項**」では、第 2 章で説明した生成 AI・大規模言語モデルの限界や負の側面
に関連する法律問題と対処法を踏まえ、法律事務所ないし弁護士業務におけ
る生成 AI の利活用の際に特有の状況・場面における留意点を概説した。法
律事務所における生成 AI 利用ガイドラインのひな型も紹介した。

> テーマ 4：
> テーマ 1〜テーマ 3 を踏まえて、広義の弁護士業務に利活用するための具
> 体例（デモンストレーション）を参考にしながら、色々試行錯誤してみよう。

「**第 5 章　生成 AI の法律事務所における利活用のデモンストレーション**」
では、法律事務所における様々な業務について、無償版の ChatGPT に適宜
工夫したプロンプトを実際に入力するデモンストレーションを行い、その出
力や解説と併せて掲載した。

執筆時点で利用可能な無償版の ChatGPT でも、ChatGPT へのタスク指
示文（プロンプト）を適宜工夫することで、精緻な法律文書の生成とまでは
いかなくても、法律事務所において発生する各種タスクに対して有効な応答
を生成してくれる。第 5 章では、法律相談、交渉、訴訟手続などといった典
型的な弁護士業務における多くの ChatGPT の利活用例はもちろんのこと、
法律事務所のマーケティングその他法律事務所において一般に行われている
業務のうち、ChatGPT が利活用できる場面での具体的な利活用例について
も紹介した。

本書籍では、複雑かつ高度な法的推論を含む法律文書の作成をコア・タス
クとする、法律相談、交渉、訴訟手続などの典型的な弁護士の業務を「狭義
の弁護士業務」と定義する。これに対し、法律事務所のマネジメント、マー
ケティングのような周辺の弁護士の業務を「広義の弁護士業務」と定義する。

今回の執筆に際し、無償版の ChatGPT の諸々の弁護士業務における利活用を色々と試行錯誤してみた。その結果として、執筆時点における無償版の ChatGPT でも、広範囲にわたる広義の弁護士業務に利活用できることはもちろん、使用する場面やプロンプトの入力の仕方によっては、狭義の弁護士業務においても十分に利活用できることがよく分かった。本書籍では、一連の研究過程や試行錯誤の結果を、できるだけ分かりやすい形でお示しすることを意識した。また、弁護士と ChatGPT との一連の対話が、単に役に立つというのみならず、「面白そうだから自分でも色々試してみたい」と思っていただけるようなものになることを意識した。

　もとより、汎用性の高い大規模言語モデルをベースとした ChatGPT は、ユーザーのアイデア次第で、他の人には考えも及ばないような斬新な利活用の可能性を秘めていると考えられる。本書籍で示した利活用法は、執筆者が弁護士業務に関して思い至った利活用法のごく一部にすぎないと考えられる。読者の皆様におかれても、まずは無償版から入門して色々と試行錯誤していただき、本書籍には掲載できなかった有益な利活用法を新たに発見していただければ望外の喜びである。

第 1 章

生成 AI の原理と特性

1 ChatGPT とは何か？

　ChatGPT とは、質問の文章（テキスト）を入力すると、あたかも人間が作ったかのように見える自然で適切な返答を生成してくれる、対話型文章生成 AI をサービス化したもの、あるいは、その元になっている対話型言語モデルである。GPT とは、"Generative Pre-Trained Transformer"（生成可能な事前学習済み変換器）という意味である。2022 年 11 月 30 日に、人工知能を研究する民間団体である「OpenAI」により発表され、公開から 2 か月で月間アクティブユーザーが 1 億人を達成したといわれている。深層学習アルゴリズムを用いた大規模言語モデルである GPT-3.5 シリーズをベースとして、チャットボットがユーザーとの対話のような振る舞いができるようトレーニングしたものである。本書籍において、「ChatGPT」とは、特段の断りがない限り、GPT-3.5 シリーズをベースとしてチューニングしたモデルを指す。

　ChatGPT は、InstructGPT という先行モデルにおいて用いられた「人間のフィードバックに基づいた強化学習」（RLHF：Reinforcement Learning from Human Feedback）の考え方を採用し、人間が疑似的に作成した「ユーザーと AI の会話」のデータと複数の出力文の良さを人間が評価して順位付けしたデータから強化学習を行った結果、会話ならではの砕けた表現などにおいても、あたかも AI がその意味を正しく理解しているかのように振る舞い、適切な回答を出力文として生成できるようになったと言われている[1]。学習データの量、計算能力、パラメータの数（モデルの容量）に比例して精

度が上がるという経験則（スケール則）が主張されている。

　もっとも、GPT-4 では、技術的な詳細に関する論文は公開されていないため、不明である[2]。

2　いわゆる「生成 AI」・「大規模言語モデル」に共通する特徴

　先ほど述べたとおり、ChatGPT は、OpenAI が開発した大規模言語モデルによる対話型文章生成 AI である。ChatGPT の基礎をなす大規模言語モデルは、生成 AI の一種である。ほかにも、Google の "Bard"（バード）、Amazon の "Amazon Titan"、Meta の "Llama2"、Anthropic の "Claude2" など、各社が大規模言語モデルによる生成 AI の開発競争にしのぎを削っている状況である。以下、本項では、大規模言語モデルの総称を「LLMs」、個々の具体的な大規模言語モデルを「LLM」と略称する。

　日本でも、サイバーエージェント社が、2023 年 5 月 17 日、最大 68 億パラメータの日本語版 LLM を公開した[3]ほか、NTT が、2023 年度中に、70 億〜300 億のパラメータの業界・分野特化型（金融・医療・法律など業務に必要な情報に絞って、効率化・省力化）の LLM を独自開発すると発表した[4]。プリファード・ネットワークスも、2023 年 6 月 16 日、より専門的な領域で活用する LLM の開発に着手したと発表し、（音声や画像などの複数のデータを統合して取り扱う）マルチモーダル基盤を目指して、早ければ24 年にはパラメータ数を 1000 億規模に拡大して商用化したい考えを示した。NEC も、2023 年 7 月 6 日、同社が独自に開発した、顧客に応じてカスタマイズ可能な生成 AI をベースに、LLM のライセンス、専用ハードウェア、ソフトウェア、コンサルティングサービスなどを提供する「NEC Generative

---

1)　松尾研究室編「AI の進化と日本の戦略」（2023 年 2 月 17 日）
2)　OpenAI(2023). "GPT-4 Technical Report". (https://cdn.openai.com/papers/gpt-4.pdf)
3)　サイバーエージェント社・プレスリリース（https://www.cyberagent.co.jp/news/detail/id=28817）
4)　2023 年 6 月 10 日・日本経済新聞

AI Service」を開始する旨発表した[5]。東京工業大学や富士通も、2023 年 5月 22 日、理化学研究所・東北大学と共同で、スーパーコンピュータ「富岳」を使って 2023 年度中に LLM を独自開発すると発表する[6]など、産学連携の動きもある。

　本書籍が想定する生成 AI ないし LLMs について、明確に定義することは困難であるので、これらが共通して有すると考えられる特徴を挙げておく[7]。学術的厳密さを追求したものでないことには留意されたい。ここでは、「大量の言語資源から人手による教師データの付与を要することなく言語の意味・構造・文脈などを幅広く学習した基盤モデルを作った後、所期の目的に適合するよう少数の教師データを用いてモデルのパラメータを微調整するという方法で訓練された言語モデルであり、訓練に Transformer というアーキテクチャが採用されたもの」と理解していただければ十分である。

(1) ニューラルネットワーク・ディープラーニングを用いた自然言語処理分野の応用技術である。

(2) ラベルのない大規模な言語資源（テキストコーパス）を用いた自己教師あり事前学習（unsupervised pre-training[8]）によって訓練した基盤モデルを有する。事前学習のアーキテクチャとして Transformer を採用することで、単語の意味、言語の文法構造などの特徴を様々な観点から緻密に捕捉でき、文脈を考慮した文章の生成を高精度で行うことが可能となった。

---

5) NEC・プレスリリース・2023 年 7 月 6 日（https://jpn.nec.com/press/202307/20230706_01.html）
6) 2023 年 5 月 22 日・日本経済新聞
7) A. Radford, K. Narasimhan, T. Salimans, I. Sutskever（2018）. "Improving Language Understanding by Generative Pre-Training". （https://s3-us-west-2.amazonaws.com/openai-assets/research-covers/language-unsupervised/language_understanding_paper.pdf）、山田育矢監修／著、鈴木正敏・山田康輔・李凌寒著『大規模言語モデル入門』（技術評論社、2023）など参照。
8) 人の手で正解データを作る（アノテーションする）必要がない教師あり学習という意味で、教師なし学習に近い性質を持つ。

3 生成 AI の技術的原理

(1) はじめに

　生成 AI の仕組み・特性や、コンピュータの中で行われる一連の処理を、
その概要だけでも知っておくことは、今後において法律実務ないし各種事件
処理に特化した生成 AI ないし LLMs を用いたサービスがリリースされた後
にも、それらのサービスをより有効かつ安全に利活用するために役立つ。

　そこで、本書籍では、冒頭に生成 AI の技術的原理の概略を、数式を用い
ずに説明することとした。本書は技術書ではないので、数式の説明を含め、
これ以上技術や原理の詳細に立ち入ることはしない。

(2) 生成 AI が行っているコンピュータ処理の概要

　生成 AI の一種である LLMs は、入力された自然言語の次に続く自然な単
語として最も（相対的に）確率の高い単語を次々と出力するという比較的単
純な原理（next token prediction）に基づくものである。

　このように、比較的単純な原理に基づくものではあるが、巨大なコーパス
（corpus：電子的に記録された言語情報、データベース）を用いた LLMs は、
単語間の関連性・意味の類似性、言語的な規則・構造、文脈など、人間が過
去に言語を用いたありとあらゆるパターンを認識するよう訓練されており、
人間の言葉の構文や意味を高い精度で捉えていることが分かっている。

〈LLMs に指示文を入力してから応答が生成されるまでの概略〉

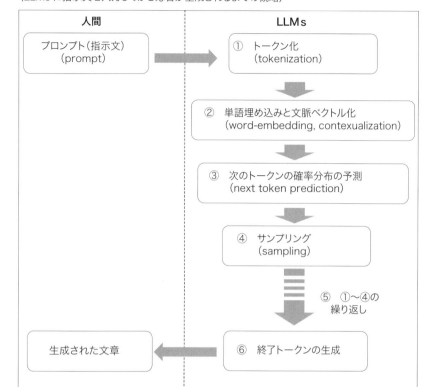

第1章 生成AIの原理と特性
第2章
第3章
第4章
第5章
第6章

　人間が LLMs に指示文（プロンプト）を入力してから、LLMs によって文章が生成されるまでの、一連のコンピュータ処理の概要を、上の表の番号に沿って概説する。以下の説明をご覧いただければ、同じ指示文（プロンプト）を ChatGPT に入力したとしても、生成される文章は必ずしも一意でなく、"Regenerate" をクリックすることで別の文章が生成される理由についても理解していただけるであろう。

① トークン化（tokenization）

　入力された文章（自然言語）を、最小単位（トークン：token）に分割する。一般的には、単語、単語と文字の中間であるサブワード、句読点がトークンとして分割される。

　トークン化されたそれぞれのトークンは、モデル内部でコンピュータによ

る処理が可能になるよう、一意のトークン ID（整数値）に変換される。これにより、モデルがテキストを数値データ（離散値）として扱うことが可能となる。

② 単語埋め込み（word-embedding）と文脈ベクトル化（contextualization）[9]

単語埋め込みとは、単語の意味を「ベクトル」[10]というコンピュータ処理が可能な数学的表現に変換することをいう。ここでは、トークン ID（離散値）をタスク遂行のために有用な情報を表現したベクトル表現（ベクトルの各要素は連続値）に変換する過程を指す。

この過程では、入力されたトークン全体に対して、各トークンの重要度を加味して関連性の高いトークンから優先的に情報を取得するような形で、その文脈に応じた単語の意味をベクトル表現に変換する[11]。例えば、「マウスでクリックする」の「マウス」は、「クリック」に着目することで、「ねずみ」ではなく、パソコンへの入力をするための機器を表すベクトル表現に変換される。

この各トークンのベクトル表現は、ある文章中の単語の意味、単語間相互の関係性（意味の関連性・類似性）、文法的な構造、文章の文脈における単

---

9) この2つは独立した過程ではなく、一連の過程を合わせて文脈化単語埋め込み（contextualized word-embedding）ともいう。

10) ここでいう「ベクトル」とは、高校数学で学習するベクトル（2次元、3次元）と本質的に同じ意味であり、これを多次元（グラフィカルに可視化できない）に拡張したものである。各トークン（離散値）は、（連続値を要素とする）ベクトル空間上の単語ベクトルに変換される。
「犬」と「猫」、「機械学習」と「ディープラーニング」など、意味的に近い単語は、ベクトル空間上でも近い位置に配置される。ベクトルどうしが「近い位置にある」とは、矢印の方向が近いこと、つまりベクトル間の角度が小さいことを意味する。つまり、単語の意味的な類似性は、単語ベクトル間の角度と関係しており、単語ベクトル間の内積が大きいほど角度が小さくなり、両単語の意味の類似性が高くなるという関係がある。
ベクトル間の角度と内積との関係は、高校数学で学習したコサイン関数と内積の関係の公式

$$\cos\theta = \frac{\vec{a} \cdot \vec{b}}{|\vec{a}||\vec{b}|}$$

から容易に理解される（角度が 0 のとき $\cos\theta = 1$、角度が π のとき $\cos\theta = -1$）。

11) 「マウス」（ねずみ、入力機器）、「bank」（川岸、銀行）のように、多義的な意味を持つ単語に対して、それぞれの文脈に依存した異なるベクトル表現が割り当てられる。

語の使われ方・文脈上の意味合いなどの特徴を、ベクトルの要素という数学的表現の形に落とし込むことにより、抽象的に表現したものといえる。詳細について興味がある読者は、⑷の Transformer アーキテクチャの説明と巻末参考文献を参照されたい。

③　次のトークンの確率分布の予測（next token prediction）

入力された文章は、トークン化→単語埋め込み・文脈ベクトル化を経て、言語モデルにコンテキスト（文脈）として入力される。言語モデルは、入力されたコンテキストトークン列から、次のトークンの確率分布（次に続くトークンとして適切であると推測されるものの候補と、その生成確率の組）を予測する。

次のトークンとして自然で意味が通りやすいと推測される候補ほど、高い生成確率が割り当てられている。

④　サンプリング（sampling）

言語モデルは、予測した次のトークンの確率分布（次に続くトークンとして適切であると推測されるものの候補と、その生成確率の組）から、最も（あるいは相対的に）高い確率のトークンを（ランダムに）抽出・選択する。これにより、入力された文章の次に続くトークンとして最も（あるいは相対的に）自然で適切と思われるトークンが選択・決定される。

言語モデルからのサンプリングの手法には、Temperature（温度：温度が高くなるに従って確率分布がより一様に、すなわち各トークンの生成確率が均等になり、より多様で創造的なアウトプットがなされる。温度が低くなるに従ってトークンごとの生成確率の差が大きくなり、相対的に高い確率のトークンが抽出・選択されやすくなり、アウトプットがより確定的になる。）や Top-p（次のトークンの候補として、生成確率の累積が上位 p% に含まれるトークンのみが考慮され、それらの中からランダムに次のトークンが抽出・選択される。Top-p が小さい値であるほど、候補となるトークンが高確率のものに絞られ、アウトプットがより確定的になる。Top-p が大きい値であるほど、低確率の候補も考慮されるため、アウトプットがより多様で創造的になる。）などがある[12]。

確率分布から抽出・選択されたトークンは、言語モデルが学習済みの語彙

の中に存在する、実際に使用される単語に変換される。

⑤ ②〜④の繰り返し：単語埋め込み（word-embedding）と文脈ベクトル化（contextualization）→確率分布の予測（next token prediction）→サンプリング（sampling）

サンプリングされた次のトークンが、生成された文章の一部として追加され、追加されたトークンを含む文章が、更新された新たなコンテキストとして言語モデルに入力される。

言語モデルは、この更新されたコンテキスト（トークン列）と文脈ベクトル化された情報から、さらに次のトークンについての確率分布を予測する。この過程は②〜③と同じである。

さらに、予測された次のトークンの確率分布から、最も（あるいは相対的に）高い確率のトークンを（ランダムに）抽出・選択する。これにより、入力された文章の次に続くトークンとして最も（あるいは相対的に）自然で適切と思われるトークンが選択・決定される。この過程は、④と同じである。

以下、②〜④の手順で次々と逐次的・連続的に単語を出力し、文章の生成が終了するまでこの手順を繰り返す。

⑥ 終了トークンの生成

文章が所定の長さに達し、終了トークンが生成されると、文章全体の生成が終了する。モデルが、膨大な量の文章（異なる文体、ジャンル、表現方法など）を含む訓練データから様々な文章のパターンや構造を学習しており、かつ単語間の関係性・文法的構造を維持しつつ文脈に応じた適切なトークンを逐次的に生成できるよう訓練されているため、自然でもっともらしい文章を生成することができる。

人間が LLMs に指示文を入力してから LLMs によって文章が生成されるまで、概略として以上のようなコンピュータ処理がなされ、その結果として、

12）　そのほかにも、ビームサーチ（beam search）などのサンプリング手法がある。この手法は、各位置での生成確率が相対的に高い数個の単語を保持しながら次々と単語を探索し、結果として生成し得る複数の単語列（＝文章）の中から文章全体として最も高い生成確率となる文章を選択し、生成する手法である。詳細は、岡﨑直観ほか『IT Text 自然言語処理の基礎』（オーム社、2022）115 頁参照。

人間の目からみて自然でもっともらしい文章が生成される。

⑶　生成 AI・LLMs の学習方法

ア　半教師あり学習

　執筆時点での一般的な生成 AI・LLMs の訓練方法は、大規模なテキストコーパスを用いて、単語の意味（単語間の意味の類似性・関連性）、言語の文法構造、文章の文脈などを捕捉できる基盤モデルを学習する段階（事前学習）と、特定のタスク向けに少数の教師データを用いて、基盤モデルのパラメータを更新する段階（ファインチューニング）の 2 段階に分かれている。

　事前学習とファインチューニングの組合せによる学習方法は、自己教師あり学習（人の手で正解データを作る必要がない教師あり学習という意味で、教師なし学習に近い性質を持つ）と教師あり微調整の組合せ（combination of unsupervised pre-training and supervised fine-tuning）という意味で、半教師あり学習と呼ばれている。

イ　事前学習（pre-training）

　ラベルのない大規模なテキストコーパスを用いて、ニューラルネットワークの初期パラメータを訓練することで、言語の特徴やテキストのパターンなどを統計的に捉えた基盤の言語モデルを構築する過程を指す[13]。具体的なパラメータは、確率的勾配降下法といわれるアルゴリズムに従い、コンピュータが数値計算を行う方法で求める。

　ChatGPT の場合は、Transformer の生成部（デコーダ）を言語モデルとして学習したものであり、学習データとして大量の書籍、web から収集したテキストデータ、ウィキペディアの記事などが用いられていると言われている。

ウ　ファインチューニング（fine-tuning）

　事前学習済みの言語モデルのパラメータを、所望のタスクが解けるように、比較的少数の訓練データセットを用いてパラメータ調整（再訓練）する過程

---

13)　ニューラルネットワークの初期パラメータ学習は、目的関数の最適化問題として尤度最大化あるいはクロスエントロピー誤差最小化を設定して行う。

第1章

第2章

第3章

第4章

第5章

第6章

生成 A I の原理と特性

を指す。言語に関する一般的な知識をベースに、タスク固有の知識を獲得する。

　対話型 LLM である ChatGPT は、詳細不明であるものの、ファインチューニングの段階で、以下のような強化学習の過程を経ていると言われている[14]。

① 教師あり学習

　　プロンプトとそれに対する適切な回答のペアをアノテーターである人間が考案して比較的少量のデータセットを作成し、このデータセットに基づきモデルのパラメータを更新する。

② 報酬モデルの作成

　　プロンプトと更新後の学習モデルの回答を複数パターン用意し、アノテーター（人間）に順位付けさせ、この順位付けデータセットを用いて報酬モデルを学習させ、回答の順位付けを予測するタスクを解かせる。

③ 強化学習

　　「モデルの回答に対して報酬値を推計し、モデルにフィードバックする」という過程を繰り返して方策を改善し、「報酬が最大になるような方策を探索し、最適な回答を生成する」ようにモデルを訓練する。

⑷　生成 AI の驚異を産み出した Transformer アーキテクチャ[15]
ア　Transformer とは何か？

　Transformer は、元々は機械翻訳を目的タスクとする深層学習モデルとして、Google が 2017 年に提案したニューラルネットワーク・アーキテクチャ[16]である。注意機構（attention-mechanism）のみで構築されている。やがて LLMs を含む数多のタスクに応用できることが判明し、現時点では、自然言語処理のみならず画像処理の分野でも幅広く応用されている。

---

14) 松尾研究室編「AI の進化と日本の戦略」（2023 年 2 月 17 日）
15) A. Vaswani et al.（2017）"Attention Is All You Need".（https://arxiv.org/pdf/1706.03762.pdf）
16) アーキテクチャとは、コンピュータやソフトウェアなどのシステム設計・構造を指す用語である。システム全体の基本的な構成要素や相互関係、データのフロー・処理の手順などを定義し、システムがどのように機能するかを決定する。

自己注意機構（self-attention mechanism）、マルチヘッド注意機構（multi-head attention）が中心的な役割を果たす。

イ　自己注意機構（self-attention mechanism）[17]

ニューラルネットワークは、個々のトークン（単語、サブワード、句読点など）のベクトル表現を求め、周辺の単語からの情報を合成することで、文脈の中で単語の意味を決定する。

例えば、"I arrived at the bank after crossing the ＿＿ " における "bank" の意味は、空欄に入る単語が "road" か "river" かによって異なる。"road" である場合は "bank" は金融機関を意味し、"river" である場合は "bank" は川岸、土手・堤防を意味する。つまり、文脈が "bank" の意味を規定している。

Transformer は、自己注意機構（各単語の位置関係にかかわらず、文章中のすべての単語間の関係をモデリングした機構）を適用するだけで、単なる文法的な機能に基づく文脈だけでなく、実世界に存在する関係性の機能に基づく文脈を考慮した文章の生成を可能とした。

上の例では、Transformer は、"I arrived at the bank after crossing the river." なる文章において、"river" に着目（attention）することで、"bank" なる単語の意味は「川岸、土手」であって「金融機関」ではないということを、1 ステップで直ちに判断できる。

"bank" の単語ベクトル表現を得るために、"bank" を文章中の他の全単語と対照し、各単語に着目すべき度合いを attention score として算出している。この attention score[18] は、「"bank" なる単語の意味を決める（つまり、

---

17)　Google Research による一般向け Transformer の解説（2017）（https://ai.googleblog.com/2017/08/transformer-novel-neural-network.html?m=1）

　　従来利用されていた双方向 RNN（Recurrent Neural Network）は、「過去に入力した単語と出力した単語を記憶として保持し、その記憶と新たな単語をモデルに入力して、次の単語を出力する」という逐次的・連続的な形で文脈を考慮していた。

　　文脈を考慮することはできるが、間に何回も行列計算と活性化関数の適用を行う必要があるため、遠くの場所にある単語（最初の方に入力した単語）の情報を保持・利用することが困難であり、タスクを精度よく実行できなかった。逐次的処理ではなく並列処理に高い性能を発揮する現代コンピュータの性能を十分に活用できないという問題もあった。

18)　"attention score" とは、ある文章中に含まれるそれぞれの単語の意味が、同一の文

自己注意の可視化

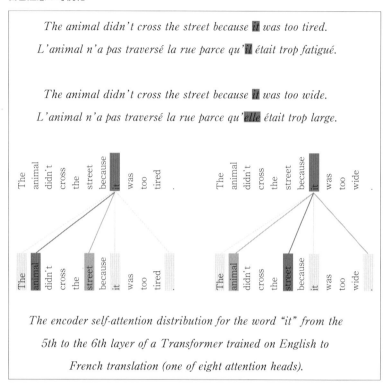

The encoder self-attention distribution for the word "it" from the
5th to the 6th layer of a Transformer trained on English to
French translation (one of eight attention heads).

出典：前掲注 16 の解説（2017）

"bank" の単語ベクトル表現を得る）ためには、他のどの単語にどれだけ着
目すべきか」を数値で表現したものである。この "bank" の単語ベクトル表
現は、川岸に辿り着いたという意味の文章であることを反映したものであり、
その意味で文脈を考慮したベクトル表現である。

　Transformer の自己注意機構において、ニューラルネットワークが特定
の文章を処理する際、文章中の他のどの部分に着目しているかを可視化した
ものが上の図である。

章中に含まれるそれぞれの単語のうち、どの単語とどれだけ関連性・類似性があるか
を、内積（類似度を数値で表現したもの）の大きさに基づき、重みという数値で表現
したものである。

ウ　マルチヘッド注意機構（multi-head attention mechanism）

マルチヘッド注意機構は、複数の異なる自己注意機構（self-attention mechanism）の結果を統合する仕組みである。この機構は、色々な角度から attention score を独立して計算し、計算した結果を最終的に結合して出力する。

これにより、モデルは、単語の意味（単語間の意味の類似性・関連性）、言語の文法構造（品詞・係り受けなど）、文章の文脈などについて、様々な異なる角度やパースペクティブからの情報を統合し、より緻密かつ豊かに特徴を捉えることが可能となる。

4　生成 AI の「驚異」と有効な活用法

⑴　様々なタスクを高い精度でこなす汎用的な能力

大規模言語モデルは、原理上はテキストの続きを予測するだけの単語予測器（next token prediction）である。従来の言語モデルは、文脈を的確に捉えた文章を生成することや長文を生成することがうまくできなかった。

しかし、ChatGPT は、（間違った回答を生成することも多々あるものの、）多くの事例で質問に対するポイントを的確に捉えた回答を自然で流暢な表現で生成し、理論的な破綻もないと評価されている。

人間が作った大規模なテキストコーパスをすべて記憶し、それを模倣するのが基本処理と言われているが、果たして本当にそれだけであるかは分からない。

ChatGPT の驚異的な特徴を挙げると、以下のとおりである。

① 文章の流れや文法のルールに則り、人間の目から見ても自然で流暢な、適切な表現で回答を生成できる。

② あたかも会話の文脈を理解しているかのように、過去の応答や会話の履歴を踏まえた、適切な回答を生成でき、長い対話や複雑な問合せにも柔軟に対応できる。

③ 質問応答、文書要約・翻訳、文書生成などの様々な自然言語処理のタス

第1章　生成 AI の原理と特性
第2章
第3章
第4章
第5章
第6章

クに対応できる汎用的な能力を持っており、自然科学、人文科学、社会
科学から日常会話まで、多岐にわたるトピックや質問に対応できる。書
籍のタイトルなどのアイデアの提案、ディベート、ブレーンストーミン
グといったタスクにも対応できる。物語の筋書きやショートストーリー
の生成も可能である。

④　ユーザーが指定したスタイルやトーンに合わせた回答を生成できる。例
えば、「○○の専門家として○○を説明してください」、「小学校低学年
の子でも理解できるよう、かみ砕いて説明してください」、「笑いを取れ
るようなユーモアのある言葉で説明してください」といったスタイル・
トーンの指定や、「表形式で出力してください」、「チェックリストを作
成してください」といったフォーマットの指定が可能である。

⑤　事前学習したモデルをベースとして、特定のタスクに適合できるように
するための微調整（fine-tuning）が可能であり、研究者・開発者が、特
定のドメインや目的に特化したモデルを作成したり、あるいはモデルを
拡張・改善させたりすることができる。

⑵　仕事や創造活動の生産性を飛躍的に上昇させる可能性

　ChatGPT を含む生成 AI が有する驚異的かつ汎用的な能力をうまく活用
することにより、人間の仕事や創造活動の生産性を飛躍的に上げる可能性が
指摘されている。ゴールドマン・サックス社は、生成 AI と呼ばれる技術の
普及が進むと労働生産性が向上し、世界の国内総生産（GDP）は年 7％成長
すると試算している[19]。日本でも、自民党デジタル社会推進本部・AI の進
化と実装に関するプロジェクトチームは、2023 年 4 月、「大規模言語モデル
に代表される『基盤モデル』と言われるタイプの AI の進化と社会実装は、
新たな経済成長の起爆剤となりうる。」と指摘している[20]。AI は、少子高齢
化で労働力不足が進む日本では生産性を高める技術となるとして、情報通信
産業から自動運転などの物流、製造業の品質管理、医療まで、幅広い分野で

---

19)　2023 年 4 月 18 日・日本経済新聞
20)　自民党デジタル社会推進本部・AI の進化と実装に関するプロジェクトチーム「AI ホワ
　　イトペーパー〜AI 新時代における日本の国家戦略〜」2 頁

18

活用されており、大規模言語モデルもまた幅広い分野で生産性を高める技術として大いに期待されている[21]。

　大規模言語モデルの活用により仕事や創造活動の生産性が上昇する可能性の理由として、以下の点が挙げられる。

① 膨大な言語資源（コーパス）から学習した大規模言語モデルは、自然科学、人文科学、社会科学などあらゆる分野の専門的知識へのアクセスを可能とし、例えば、専門知識のある人材が限られている場合でも、特定のドメインや専門分野に関する一般的な知識を情報検索できる。

② 自然言語の生成・応答において高精度の能力を発揮する大規模言語モデルにより、カスタマーサポートなどのタスク処理を自動化でき、例えばオペレーターなどの負担軽減につながる。

③ 膨大な言語資源（コーパス）から学習した大規模言語モデルは、極めて広範なトピックやアイデアに関する豊富な知識を有しており、創造的なアイデアやインスピレーションを生成してくれるため、例えばライティングやデザインのプロセスの中で、モデルの提案やフィードバックを反復することで、創造性を刺激することができる。

④ 大規模言語モデルは、あたかも会話の文脈を理解しているかのように、過去の応答や会話の履歴を踏まえた回答を生成してくれるため、例えば大規模言語モデルに新しい視点を提案させ、それについてグループやチームで議論やブレーンストーミングを繰り返すことで、より精緻で創造的な意思決定を推進する。また、メンバーが作成したコンテンツやデザインに対して大規模言語モデルにフィードバックやレビューを生成させることで、より洗練された成果物を作成する、といった形で、より望ましい意思決定、より創造的な成果を達成し得る。

⑶　一般的に便利と言われている利活用の方法

① 文書の生成・添削・校正

　　メールの文案作成、マーケティング文の作成、日報・議事録の作成、

---

21)　2023 年 4 月 20 日・日本経済新聞

講演やスピーチのアウトライン作成など。文法・スペルミスだけでなく、内容の改善点も指摘してくれる。

② 文書や概念の要約・翻訳

　　長い文章を簡潔で要領を得た短い文章にまとめてくれる。

　　行数や文字数を指定して要約することもできる。

③ 壁打ち・ブレーンストーミング

　　人間が生成 AI と対話しながら思考を深めることが可能である。

　　生成 AI が人や物になりきって会話するなどのロールプレイも可能である。

④ リサーチ・論点の洗い出し

　　ディベートができる。複数の利害関係人の要望を調整することで妥結点・折衝点を提案するなど、交渉にも利用できる。

⑤ アイデアの提案

　　見出し・キャッチコピー、イベントのプランニング、プレゼン資料（タイトル、目次案、ページ配分、トークスクリプト）などを作成してくれる。例題、ダミーデータ、乱数の生成といったこともしてくれる。

5　生成 AI の「脅威」と問題点

⑴　真偽不明の情報が大量に流布するおそれ（hallucination）

　大規模言語モデルが、学習データには存在していなかった、真実でない内容を捏造し、あたかもそれが本当に存在するかの如くごく自然に、捏造した事実を正確な事実と織り交ぜながら回答を生成してしまう現象が広く知られており、「幻覚」（hallucination）と呼ばれている。大規模言語モデルは、従前の AI 技術とは異なり、誰でも自然言語で入力することで、何らかの応答が得られるが、「幻覚」による虚偽の情報を含むモデルの応答がインターネットや SNS で拡散されてしまうと、真偽不明の情報が大量に流布するおそれが生じる。「幻覚」によって生成された虚偽を含む情報は、正確かつ詳細な情報の文脈の中に紛れ込む形で現れるため、専門家でも区別が難しい場合

もあるということで、極めて致命的な問題であると指摘されている。現時点の最新技術（例えば GPT-4）でも、この問題は解決されていない[22]。

　大規模言語モデルは、徹頭徹尾、確率論と統計学の法則に支配された技術であり、大規模な言語資源（コーパス）から、言語的な規則、単語間の関連性・意味の類似性、文脈など、人間が過去に言語を用いたありとあらゆるパターンを認識するよう学習されている。学習された大規模言語モデルは、入力された単語列に続く自然でもっともらしい単語として高い生成確率が割り当てられた単語を次々と逐次的・連続的に出力しているにすぎない。そして、仮に大規模言語モデルがいまだ学習していない情報が含まれる単語列が入力された場合でも、学習したパターンに基づき統計的に予測される単語列を出力するという形で応答を生成するが、この過程で誤った情報や虚実ない交ぜの情報を出力してしまう。この現象が「幻覚」と呼ばれるものである。

　このように、大規模言語モデルは、確率論と統計学の原理に基づく技術である以上、他の AI 技術と同様、100%正しい回答を生成することは原理上保証されない。

　大規模言語モデルは、人間の目からみて自然で流暢な回答を生成するのみならず、様々なタスクを高い精度でこなす汎用的な能力を獲得しつつあるとされ、そのような能力の獲得には、学習データ量、計算能力、モデルサイズ（パラメータ数）[23]が膨大であることが関係していると言われている。しかし、学習データ量やパラメータ数がより膨大な最新のモデルでも「幻覚」現象は除去されておらず、しかも大規模言語モデルが現在のパラダイムのみに依存するとすれば、完全な除去は原理的にはなし得ないであろう。

---

22)　OpenAI (2023). "GPT-4 System Card". p. 46（https://cdn.openai.com/papers/gpt-4-system-card.pdf）

23)　「パラメータ数が膨大になるほど予測の精度が高まる」と指摘される大規模言語モデルについての経験則は、従来の機械学習における常識とは異なる。従来の機械学習モデルでは、学習データ量と比較してパラメータ数が多すぎると、「過学習による汎化性能の低下が起こる」というのが常識であった。これは、過去問を丸暗記しただけでの学生が本番の試験に太刀打ちできないのと同様、学習データにあまりにフィットし過ぎると新たなデータに対する予測の精度が落ちてしまうという現象である。

⑵　バイアスを含む学習データにより学習された大規模言語モデルによる
応答はバイアスを含んでしまう（bias）

　この問題も、大規模言語モデルが徹頭徹尾、確率論と統計学の法則に支配
された技術であることに起因して生じる問題である。前述のとおり、大規模
言語モデルは、大規模な言語資源（コーパス）から、言語的な規則、単語間
の関連性・意味の類似性、文脈など、人間が過去に言語を用いたありとあら
ゆるパターンを認識するよう学習されているため、モデルによる応答も、過
去のコーパスにおいて人間が言語を用いた諸パターンを反映している[24]。

　これらのパターンの中に、人種、性別、宗教、社会的・経済的身分その他
に関する差別的なステレオタイプや偏見（bias）を含む言辞が存在する場合、
全体としては偏見を含むそのような言辞が広く共有された価値観と相異なる
ものであるとしても、モデルはそのような偏見を反映した応答を生成してし
まうことがある。また、大規模言語モデルは、ある特定の職業に男女構成比
の偏りがある場合、実際の男女構成比の割合よりも高い確率で、その職業の
人の性別を職業の多数派を構成する性別であると勝手に決めつけて出力して
しまう傾向にあり、例えば、GPT-4 も、ソフトウェア・エンジニアを男性、
小学校の先生を女性であると勝手に決めつけて出力する傾向にあることが報
告されている[25]。

　このように、「偏見」を含む応答を生成する大規模言語モデルが広く普及
し、社会のあらゆる領域であまねく使用されるようになると、特定の差別・
偏見やそれらを含む世界観が強化・再生産されてしまうおそれがある。

---

24)　例えば、岡﨑直観ほか著『IT Text 自然言語処理の基礎』（オーム社、2022）83 頁
　　は、コーパスから学習した単語ベクトルを用い、nurse と man、nurse と woman の類
　　似度を測定・比較すると、後者の方が高い（つまり、「看護師」といえば「男性」より
　　も「女性」の方が意味的に近いと AI が判断している）現象を指摘している。
　　　なお、同書は、人類にとって当たり前すぎて言及されない情報、目新しさがなく情
　　報量の少ない情報がコーパスには反映されないという報告バイアスや、真の母集団全
　　体（例えば、国民全体）とは世代・性別その他の属性において異なる集団（例えば、
　　SNS 利用者）によるコーパスは、必ずしも真の母集団全体の特徴を正確に捉えていな
　　い、という選択バイアスについても言及している。
25)　S. Bubeck et al.(2023). "Sparks of Artificial General Intelligence: Early
　　experiments with GPT-4". P. 87(https://arxiv.org/pdf/2303.12712.pdf)

⑶　偽情報（disinformation）・有害コンテンツ（harmful content）生成、サイバー犯罪（prompt injection など）への悪用

ア　偽情報の蔓延

　既に述べたように、大規模言語モデルは、いかにももっともらしい自然な文章であるが、全く虚偽の内容を含む情報を生成することがある。このような大規模言語モデルの特性を悪用して、虚偽の内容を含むニュース記事（フェイクニュース）を意図的に生成してSNSや電子メールを通じて拡散するなど、偽情報を巧妙に作出する者が跋扈し、虚偽情報・変更情報が蔓延しかねないという危険性が指摘されている。また、あたかも人間が書いたかのような自然な文章を生成する大規模言語モデルの能力を悪用して、悪意を持った者が、信頼性ある情報源からの情報であるかのように見せかけるために、大規模言語モデルを使用して偽の情報源を作成する危険性も指摘されている。

　特に、GPT-4など最新の大規模言語モデルの能力の飛躍的増大により、ますます巧妙かつ説得力を持った虚偽の情報が蔓延するおそれがある。

イ　有害コンテンツの生成

　大規模言語モデルは、原理上、特定の個人、集団又は社会にとって有害な様々な種類のコンテンツを生成することが可能である。例えば、自殺などの自傷行為に対するアドバイスその他の自傷行為を奨励するコンテンツ、性的な内容・暴力的なコンテンツ、ハラスメントやヘイトスピーチなどを含むコンテンツ、武器・兵器の製造方法など暴力攻撃の手段を提供するコンテンツ、その他の違法行為を助長・奨励し、あるいは違法行為の手段に関する情報を提供するコンテンツである。このような大規模言語モデルの能力を悪用して、有害コンテンツが生成される危険性が指摘されている。

　有害コンテンツの生成に対しては、「人間のフィードバックに基づいた強化学習」（RLHF）を用いた有害なコンテンツの生成を拒否する技術の開発などの安全対策が鋭意進められており、違法行為をなすハードルは高まっているが、これを完全に防止することは技術上困難であると考えられている。

ウ　サイバー犯罪への悪用

　悪意のあるユーザーが大規模言語モデルを悪用して、システムの脆弱性に関する説明の指南を求め、これを生成させる危険性、あるいは、極めて巧妙

かつリアルな内容のフィッシング詐欺のメールやスパムメッセージを生成し、大量のユーザーに送信する危険性など、大規模言語モデルがサイバー犯罪に悪用される危険性が指摘されている。

　また、大規模言語モデルは、プログラムコードの生成も行うことが可能であるため、不正にファイルをダウンロードさせるコードなどの生成を通じて、ユーザーから個人情報・機密情報を引き出すといった悪用がされる危険性も指摘されている。

　さらに、大規模言語モデルに対し、プロンプトにより、開発者が想定していない特殊かつ巧妙な指示を行うことで、チャットボットが保有する機密情報や本来公開の対象とされていないデータを引き出すという悪用（prompt injection）がされる危険性も指摘されており、海外では現実に非公開の指示がされたドキュメントが引き出されるという事件も発生している。

　このようなサイバー攻撃に対しても、強化学習などの手法でタスク実行を拒否する技術の開発などが鋭意進められているものの、完全な防止策はなく、不正使用を継続的に監視する、迅速かつ反復的なモデル改善を継続するといった対症療法に依存せざるを得ない状況にある。

⑷　個人情報や企業秘密の漏えい（privacy, compliance）
ア　悪意を持って個人情報や機密情報を漏えいさせる危険がある
　前述のとおり、悪意のあるユーザーが、不正にファイルをダウンロードさせるコードなどの生成を通じて、ユーザーから個人情報・機密情報を引き出すといった形で大規模言語モデルを悪用し、個人情報・機密情報が漏えいする危険性が指摘されている。

イ　悪意がなくても個人情報や機密情報を漏えいさせる危険がある
　また、悪意がなくても、ユーザーが無意識に個人情報や機密情報を入力してしまい、生成AI経由でこれらの情報が漏えいしてしまうおそれがある。実際に、サムスン電子において、ソフトの設計情報（ソースコード）など少なくとも3件の機密情報が漏えいした事件も発生している[26]。

　ChatGPTのサービスを提供するOpenAIの利用規約（Terms of use）3条（C）は、「当社は、お客様が当社のAPIに提供し又はAPIから受領した

コンテンツ（『API コンテンツ』）を当社のサービスの開発又は改善のために使用しません。**当社は、当社の API 以外の本サービスのコンテンツ（『非API コンテンツ』）を使用して、当社のサービスの開発及び改善に役立てることがあります。**……API 以外のコンテンツをサービスの改善に使用したくない場合は、記入してオプトアウトできます。」と規定している。

　また、OpenAI のプライバシーポリシー（Privacy Policy）1 条は、「当社は、お客様に関する個人情報（以下「個人情報」といいます。）を以下のように収集します。

　お客様が提供する個人情報：当社は、お客様が当社のサービスを使用するためのアカウントを作成した場合、又は次のように当社と通信した場合に個人情報を収集します。

　　……

　ユーザーコンテンツ：お客様が当社のサービスを利用する際、当社は、**お客様が当社のサービスに提供する入力、ファイルのアップロード、又はフィードバックに含まれる個人情報（「コンテンツ」）を収集します。**」と規定している。

　つまり、OpenAI は、API 連携していないユーザー、あるいは無償版のユーザーが入力した情報を OpenAI が開発する大規模言語モデルの学習の目的で二次利用する可能性を示唆している。このことは、無償版のユーザーや API 連携をしていないユーザーが入力した情報を OpenAI の大規模言語モデルが記憶して、どこかで別のユーザーの目に触れるおそれがあることを示している。これに対し、OpenAI は、3 月公表の指針[27]で、API 連携で送信されたデータについては、大規模言語モデルの学習その他の開発には使わないことを表明している。

---

26)　2023 年 1 月 31 日・日本経済新聞（「ChatGPT、脅威も生成」）において、AI スタートアップ・ELYZA の創業者である曽根岡侑也氏は、「無意識に企業機密や個人情報が打ち込まれ、AI 経由で漏洩する恐れがある。」と指摘している。

27)　OpenAI, "Enterprise privacy at OpenAI"(https://openai.com/enterprise-privacy)

〈OpenAI: "Terms of use" 原文〉

3. Content

(c) Use of Content to Improve Services . We do not use Content that you provide to or receive from our API ("API Content") to develop or improve our Services. We may use Content from Services other than our API ("Non-API Content") to help develop and improve our Services. …If you do not want your Non-API Content used to improve Services, you can opt out by filling out this form . Please note that in some cases this may limit the ability of our Services to better address your specific use case.

〈OpenAI: "Privacy policy" 原文〉

1. Personal information we collect

We collect personal information relating to you ("Personal Information") as follows:

…

User Content: When you use our Services, we collect Personal Information that is included in the input, file uploads, or feedback that you provide to our Services ("Content").

⑸ 知的財産権（特に著作権）の侵害のおそれ

次章において詳述する。

・コラム・ ChatGPTの出力結果を訴訟においてそのまま法廷に提出することの危険性

　ニューヨーク・タイムズ紙などは、2023年5月27日、アメリカの弁護士が民事訴訟において、ChatGPTを利用して準備書面を作成したところ、虚偽の内容が多数含まれていたことが分かったと報じた。問題となったのは、ある男性が2019年、ニューヨーク行きの飛行機内で配膳カートがひざに当たって怪我をしたとして、南米コロンビアの航空会社を被告として提起した訴訟である。同紙によると、原告男性の訴訟代理人弁護士は、米連邦地裁に対し、10ページにわたる準備書面を提出したが、その準備書面の中で「航空会社が被告となった訴訟の判例」とするものが引用されていた。ところが、被告側弁護団も裁判官も、引用された6件の「判例」を見つけることができなかった。それらは実際には、ChatGPTが生成した架空の判例であったという。

　米連邦地裁の担当判事は、提出された判例のうち6件が架空のものであったことを確認した上、原告訴訟代理人弁護士への制裁を検討するとして公聴会を設けた。その原告訴訟代理人弁護士も、ChatGPTを法的調査に使用したことを宣誓供述書で認め、「（ChatGPTの答える）内容がウソだという可能性に気づいていなかった」と述べたということである。同弁護士は、法的調査を補うために生成AIを使ったことを大いに後悔しており、今後、その真偽を絶対的に確認しない限り、こんなことは決してしないと語った。その後、裁判所は、6月22日（現地時間）、同弁護士らに対し、5000ドル（約72万円）の罰金を科した。裁判所によれば、今回の罰金は、罰や賠償のためではなく、同種事件の発生を抑止するためということである。

　5000ドル（約72万円）という罰金は、法令調査の懈怠に対するサンクションとしては比較的軽微である。日本で同様の事例があったとすると、弁護士職務基本規程37条違反として、懲戒処分の対象ともなりかねない。おそらく、ChatGPTの「幻覚」現象がいまだ浸透していない時期の事例であることが、当該弁護士に有利な情状として斟酌されたものと考えられる。

　この事例は、弁護士をはじめとする法律実務家にとって、「生成AIが生成する内容には虚偽の内容が含まれ得るため、一次資料等によりその真偽を確認しない限り、準備書面で引用したり、証拠として提出したりしてはならない」ということを示す格好の教訓である。他山の石として肝に銘じたい。

第 **2** 章

生成 AI を利活用する際に生じる
法的問題点その他の諸問題

---

1 はじめに

⑴ 生成 AI 関連の法的論点や周辺問題を概観する

　生成 AI を利用するに際しては、①著作権侵害、②個人情報・機密情報の漏えい、③誤情報の使用・拡散などの法的なリスクがある。

　弁護士が自ら生成 AI を利用する際には、当然これらの法的リスクを理解しておく必要がある。また、今後は、法律相談に先立ち、相談者が、相談内容に対する回答を生成 AI に生成させた上で相談に来訪する事態も容易に想定し得る。そのような事態に備え、一般的に生じる法的リスクのみならず、生成 AI の仕組み・特性の概要や ChatGPT を含めた生成 AI の各種サービスの利用規約・プライバシーポリシーの要点など、周辺事項も把握することが重要である。

　生成 AI 関連の法的論点については、既に優れた論考[1]が発表されているため、本書籍ではすべての論点を網羅するのではなく、特に法律事務所における利用に際して生じ得る問題を重点的に論じることとし、かつ他の論考や著作では論じられていない視点に適宜触れることとした。法的論点全般に関する詳細な解説については、別の論考や著作に譲ることとする。

---

1)　柿沼太一弁護士「『生成 AI と著作権侵害』の論点についてとことん検討してみる」（2023 年 7 月 3 日）（https://storialaw.jp/blog/9748）、「生成 AI の猛烈な進化と著作権制度～技術発展と著作権者の利益のバランスをとるには～」（2023 年 4 月 16 日）（https://storialaw.jp/blog/9373）、福岡真之介弁護士「生成 AI における法律問題—著作権編」　西村あさひ法律事務所ロボット／AI ニューズレター　2023 年 4 月 28 日号など。

⑵　生成 AI の規制に関する日本や諸外国の動向に常に注意を払う

　生成 AI の規制に関しては、いまだ日本国内でも定まった方向性や各種論点に対する定まった見解が存在しない状況であり、当然先例もない。

　生成 AI の産業活用による労働生産性向上と経済成長に期待を寄せる日本政府は、法的規制を必要最小限に抑え、企業の自主規制や官民で作るガイドラインという柔軟な方向性を志向しているように思われるが、2023 年 5 月 11 日から開始された「AI 戦略会議」の会合でも、法的リスクのほか、教育面でのリスクなど、生成 AI の潜在的なリスクへの対応が課題として提起され、現在各省庁でも活発な議論が進められている状況にある。

　2023 年 5 月 19 日から 21 日にかけて開催された G7 広島サミットでは、生成 AI の国際的ガイドライン策定が目標として議論され、地域的な差異を反映しつつも地域間で相互運用可能な AI ガバナンス体制構築のためのアクションプランが承認された。そのため、法律による厳格な規制を志向し 2023 年 6 月 14 日に「AI 規則修正案」を採択した EU との足並みをどのように揃えていくかも今後の重要な課題となる。

　以上のような事情から、そもそも生成 AI 関連の法的論点について、現時点までの議論を整理・概観するだけでは不十分であり、常に国際的な議論の動向も含め最新の情報に触れておく必要があろう。

2　生成 AI の利活用と著作権侵害のリスク

⑴　文化庁著作権課「AI と著作権」[2)] に従った整理

　執筆時点における、生成 AI に関連した著作権の諸問題についての最新の官製刊行物としては、文化庁著作権課が 2023 年 6 月に発表した「AI と著作権」（以下「文化庁資料」という。）が挙げられる。

　著作権（以下、本節において「法」という。）法は、著作物の利用行為や

---

2)　文化庁著作権課「令和 5 年度著作権セミナー　AI と著作権」（2023 年 6 月 19 日開催）

利用態様ごとに、異なった規律を準備しており、生成 AI における著作物の利用についても、生成 AI の開発・学習段階と生成物の生成・利用段階でそれぞれ異なった規律が適用される。

　文化庁資料も、それぞれの利用場面で異なった規律が適用されることを前提として、生成 AI の開発段階から利用段階までの一連の過程で生じ得る著作権問題を分析・整理している。もとより、官製刊行物といえども、具体的な裁判規範となるものではなく、最終的な法解釈が裁判所に委ねられることは当然であるが、官製刊行物として秀逸であり分析・整理の視点として有用であるので、本書籍では、文化庁資料の整理に従って説明することとする。

　なお、生成 AI の開発・学習段階における著作物の利用については、①学習用データとして既存の著作物を収集・複製・加工し、学習用データセットを作成する行為、②学習用データセットを利用して生成 AI のパラメータを訓練・検証し、パラメータ学習済みモデルを開発する行為などが想定される。また、生成 AI の生成・利用段階における著作物の利用については、生成 AI に既存の著作物を複製して入力する行為、既存の著作物に類似した内容の文章や画像を生成する行為、それらの生成物あるいはその加工品をアップロードあるいは販売する行為などが想定される。

〈生成 AI の開発と利用の流れ（一般的な例）〉

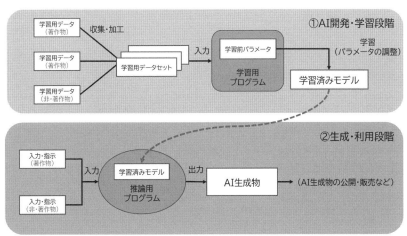

出典：文化庁資料 27 頁

⑵　著作権法の基本

ア　著作権法の目的

> **（目的）**
> **第1条**　この法律は、著作物並びに実演、レコード、放送及び有線放送に関し著作者の権利及びこれに隣接する権利を定め、<u>これらの文化的所産の公正な利用に留意しつつ</u>、<u>著作者等の権利の保護を図り</u>、もって<u>文化の発展に寄与することを目的</u>とする。

　著作権法の目的（法1条）によれば、文化の発展に寄与するという究極的な目標に適うよう、著作権者の権利・利益の保護と著作物の円滑な利用の要請をバランスさせるような解釈が望まれる。

イ　著作物性と著作者

> **（定義）**
> **第2条**　……
> 　一　**著作物**　<u>思想又は感情を創作的に表現</u>したものであって、文芸、学術、美術又は音楽の範囲に属するものをいう。
> 　二　**著作者**　<u>著作物を創作する者</u>をいう。
> 　……
> 　七の二　公衆送信　公衆によって直接受信されることを目的として無線通信又は有線電気通信の送信（電気通信設備で、その一の部分の設置の場所が他の部分の設置の場所と同一の構内（その構内が二以上の者の占有に属している場合には、同一の者の占有に属する区域内）にあるものによる送信（プログラムの著作物の送信を除く。）を除く。）を行うことをいう。
> 　……
> 　九の四　自動公衆送信　公衆送信のうち、公衆からの求めに応じ自動的に行うもの（放送又は有線放送に該当するものを除く。）をいう。
> 　……
> 　十の三　データベース　論文、数値、図形その他の情報の集合物であって、それらの情報を電子計算機を用いて検索することができるように体系的に構成したものをいう。

十一　二次的著作物　著作物を翻訳し、編曲し、若しくは変形し、又は脚
色し、映画化し、その他翻案することにより創作した著作物をいう。
……

十五　**複製**　印刷、写真、複写、録音、録画その他の方法により有形的に
再製すること……
……

十九　頒布　有償であるか又は無償であるかを問わず、複製物を公衆に譲
渡し、又は貸与すること……

① 著作物

著作権法は、「著作物」すなわち「思想又は感情」を「創作的」に「表現
した」ものを保護の対象としている。単なる事実・データ、ありふれた表現、
表現に至らないアイデアは、著作権法による保護の対象には含まれない。

② 著作者・著作権者

「著作者」は、著作物を創作する者をいい、著作物を創作した時点で著作
権・著作者人格権を取得し、「著作権者」となる（法 17 条 1 項・2 項）。

著作権者には、著作物の利用行為・利用態様ごとに複製権、翻案権、公衆
送信権、譲渡権といった権利（支分権、法 21 条〜28 条）が付与されている。
そのため、複数の著作物の利用行為がある場合は、個々の利用行為ごとに権
利侵害の有無を判断する必要がある。

ウ　著作権の侵害

著作権（支分権）の対象となる利用行為を行うには、原則として、著作権
者による利用許諾を得る必要がある（法 63 条 1 項）。許諾を得た者は、その
許諾に係る利用方法及び条件の範囲内において、許諾に係る著作物を利用で
きる（同条 2 項）。もっとも、著作権法が定める権利制限規定（法 30 条以
下）に該当する場合は、各規定に定められた範囲での一定の利用行為が適法
となる。したがって、著作権の侵害は、著作物の利用行為について、権利者
からの許諾がなく、かつ権利制限規定にも該当しない場合に成立し得る。

具体的な著作権侵害の要件は、①同一性・類似性と②依拠性である。その
具体的な説明は、以下のとおりである。

第1章

第2章

第3章

第4章

第5章

第6章

生成 AI を利活用する際に生じる法的問題点その他の諸問題

① 同一性・類似性

同一性・類似性とは、「後発の作品が既存の著作物と同一又は類似していること」であるが、より正確にいえば「後発の作品が、既存の著作物の表現上の本質的な特徴を直接感得できるものであること」[3]をいう。「創作的表現」における同一性・類似性が必要であり、抽象的概念・思想、アイデアなど表現でない部分、何ら創作的要素を含まない部分において同一・類似であったとしても、①の要件を満たすものではない[4]。

② 依拠性

依拠性とは、既存の著作物に接し、これを利用して後発の作品を作出することをいう。依拠性は、著作権法上の著作権者の権利すべてに共通する侵害要件と解される。

既存の著作物と同一性のある作品が作成されても、既存の著作物に接する機会がなく、その存在を知らずに独自・偶然に創作された場合は、既存の著作物を知らなかったことに対する過失の有無を問わず、依拠性が否定される[5]。

依拠性の立証は、ⅰ既存の著作物を知っていたか、少なくともアクセスする機会があったこと、ⅱ既存の著作物と酷似していること（特に、誤字脱字も含め）、ⅲ作品の制作経緯において独自に創作したことを合理的に説明できないこと等により行われる。

⑶ 生成 AI の開発・学習段階における著作権法上の問題
ア 非享受利用の場合における著作権制限（法 30 条の 4）

生成 AI の開発・学習段階における著作権法上の問題は、法律事務所における生成 AI の利活用と直接には関連しないが、以下述べる権利制限規定と

---

3) 知財高判平成 23 年 12 月 26 日判時 2139 号 87 頁〔アクションおりがみ事件：控訴審〕、最一小判平成 13 年 6 月 28 日民集 55 巻 4 号 837 頁〔江差追分事件〕参照
4) 最一小判平成 9 年 7 月 17 日民集 51 巻 6 号 2714 頁〔ポパイ・ネクタイ事件〕、最一小判平成 12 年 9 月 7 日民集 54 巻 7 号 2481 頁〔ゴナ書体事件〕、東京地判平成 24 年 2 月 28 日（平成 20 年（ワ）第 9300 号）〔Shall we ダンス?事件〕など参照
5) 最一小判昭和 53 年 9 月 7 日民集 32 巻 6 号 1145 頁〔ワン・レイニー・ナイト・イン・トーキョー事件〕

の関係で重要な論点を含むため、ここで併せて説明することとした。

　生成 AI の開発・学習段階における著作権法上の問題を考えるに際しては、平成 30 年に成立・公布された「著作権法の一部を改正する法律」（平成 30 年法律第 30 号）（以下「平成 30 年改正法」という。）により整備・導入された著作権法 30 条の 4 による著作権制限の規定が重要である[6]。

（著作物に表現された思想又は感情の享受を目的としない利用）

第 30 条の 4　著作物は、次に掲げる場合その他の当該**著作物に表現された思想又は感情を自ら享受し又は他人に享受させることを目的としない場合**には、その必要と認められる限度において、いずれの方法によるかを問わず、利用することができる。ただし、当該**著作物の種類及び用途並びに当該利用の態様に照らし著作権者の利益を不当に害することとなる場合**は、この限りでない。

一　著作物の録音、録画その他の利用に係る技術の開発又は実用化のための試験の用に供する場合

二　**情報解析（多数の著作物その他の大量の情報から、当該情報を構成する言語、音、影像その他の要素に係る情報を抽出し、比較、分類その他の解析を行うことをいう。第 47 条の 5 第 1 項第 2 号において同じ。）の用に供する場合**

三　前二号に掲げる場合のほか、著作物の表現についての人の知覚による認識を伴うことなく当該著作物を電子計算機による情報処理の過程における利用その他の利用（プログラムの著作物にあっては、当該著作物の電子計算機における実行を除く。）に供する場合

---

①　著作物に表現された思想又は感情を自ら享受し又は他人に享受させることを目的としない場合

　　著作物には、読者・視聴者等が著作物に表現された思想・感情を享受することを通じて知的・精神的欲求を充足させるという効用があり、著

---

6)　松田政行編『著作権法コンメンタール別冊平成 30 年・令和 2 年改正解説』（勁草書房、2022）8 頁以下参照

作権者には、著作権法上、著作物から得られるそうした効用の対価として、著作物の市場における経済的利益の確保の途が保証される。

とすれば、そのような思想・感情の享受を通じた効用を得ることに向けられていない行為は、形式的には複製等の利用行為に当たるとしても、思想・感情の享受に先立つ利用行為とはいえず、また思想・感情を享受しようとする者からの、市場を通じた対価回収の機会を損なうものでもない。

そのため、思想・感情の享受を通じた効用を得ることを目的としない行為（以下、「非享受目的利用」という。）に対しては著作権が及ばないものとした。

以上から、非享受目的利用の該当性は、「著作物等の視聴等を通じて、読者・視聴者等の知的・精神的欲求を満たすという著作物の本来的な効用を得ることに向けられた行為でないといえるか否か」によって判断され、その認定は、利用行為の態様や利用に至る経緯等の客観的・外形的な状況も含めて総合的に考慮される。

仮に著作物利用の主たる目的が、本来的効用を得ること以外にあるとしても、同時に本来的効用を得る目的が併存する場合（以下、「享受非享受目的並存の場合」という。）は、法30条の4の適用はない。

② 情報解析の用に供する場合

法30条の4各号は、柱書に規定された非享受目的の場合（権利制限の対象となる場合）として典型的に想定される場合を例示列挙したものであり、このことは条文上も明らかである。「情報解析……の用に供する場合」（2号）も、非享受目的利用の典型的な場合であることが想定される。

「情報解析」とは、「多数の著作物その他の大量の情報から、当該情報を構成する言語、音、映像その他の要素に係る情報を抽出し、比較、分類その他の解析を行うこと」と定義されている。この定義では、大量のデータから、各種のデータ分析に関する理論や分析手法を用いて、例えば、

・画像の各領域の特徴（境界、線分、色合い、位置関係など）を示す、

　　画像を構成する画素間の関係

・各種テキストで用いられた言語の文法的用法の特徴や文章における言
　葉の並び方の特徴、個々の単語の意味や単語間の関連性・類似性

といった特徴に関する情報を抽出（機械学習・ディープラーニング技術
による特徴量抽出）し、画像や文書の比較・分類・生成・検出といった
各種タスクが解けるようなモデルを作るなど、研究・開発を行う目的で
の著作物の利用が想定されていることは明らかである。この過程で著作
物を利用する場合、著作物を構成する情報を数学的処理、計算機上の処
理になじむよう変換した上で解析しているため、著作物そのものの視聴
により知的・精神的欲求を満たすことに向けられた利用ではないから、
非享受目的利用となる。

③　著作物の種類及び用途並びに当該利用の態様に照らし著作権者の利益を
　不当に害することとなる場合

　　著作権者の利益を不当に害するか否かは、「著作物の本来的市場（著
作物をその本来的用途に沿って、作品として享受させることを目的とし
て公衆に提供・提示する市場）と競合・衝突しない利用であるか否か」、
あるいは、「将来における著作物の潜在的市場を阻害しない利用である
か否か」[7]という観点から判断される。

　　例えば、大量の情報を容易に情報解析に活用できる形で整理したデー
タベースの著作物が販売されている場合に、当該データベースを情報解
析目的で複製等する行為は、当該データベースの販売に関する市場と衝
突するものとして「著作権者の利益を不当に害する」と判断され得る。

イ　生成 AI の開発・学習段階における権利制限規定の適用

　生成 AI の開発・学習は、事前学習（ラベルのない大規模なテキストコー
パスを用いて、ニューラルネットワークの初期パラメータを訓練し、テキス
トのパターンや言語の特徴を統計的に捉えた言語モデルを構築する）とファ
インチューニング（事前学習済みの言語モデルのパラメータを、所望のタス

---

7)　文化庁著作権課「デジタル化・ネットワーク化の進展に対応した柔軟な権利制限規定に
　関する基本的な考え方」（2019 年 10 月 24 日）、松田政行編『著作権法コンメンタール
　別冊平成 30 年・令和 2 年改正解説』（勁草書房、2022）31 頁以下参照

クが解けるように、比較的少数の訓練データセットを用いてパラメータ調整する）という２段階の過程を経て行われる。

　いずれの過程でも、ディープラーニング技術による特徴量抽出を行い、その結果、文書や画像の比較・分類・生成・検出といった各種タスクが解ける汎用的モデルを製作しているため、生成 AI の開発・学習のための著作物の利用は、非享受目的利用の典型例である「情報解析……の用に供する場合」（法 30 条の 4 第 2 号）に該当する。

　したがって、生成 AI の開発・学習のための著作物利用行為については、同一性・類似性及び依拠性の各要件を満たす場合であっても、法 30 条の 4 の権利制限規定の適用があり、原則として著作権者の許諾なく行うことが可能である。

⑷　生成 AI の生成・利用段階における著作権法上の問題
ア　生成 AI の生成・利用段階における行為類型として検討の対象とする
　行為

　本書籍では、生成 AI の生成・利用段階における行為類型として、以下の行為について、著作権法上の問題点の検討を行う対象とする[8]。なお、生成結果をそのまま利用することは、生成 AI サービスを提供する企業との関係においても法律上の問題を生じさせ得るが、通常は利用規約等において明記されている[9]と考えられるため、本書籍では割愛する。以下、「プロンプト」

---

8)　文化庁資料では、本書籍が検討の対象とする行為類型に応じた分類が明示的に行われてはいない。議論の中で「著作物が入力される段階と、出力される段階とを分けて検討する必要があること」、「入力の段階では著作物の表現を享受しない利用であると考えられ、著作権者への不利益は通常生じないと考えられること」といった検討がされたとの記載がある（34 頁）が、ここでいう「入力」が、開発・学習段階における既存著作物の入力であるか、生成・利用段階における既存著作物の入力であるかは明記されていない。
　　　主に問題となる行為類型は上記アの①～③のいずれかであると思われるため、本書籍ではこの点を明示して取り上げた。
9)　例えば、ChatGPT を提供する OpenAI の利用規約（Terms of use）3 (a) は、"Subject to your compliance with these Terms, OpenAI hereby assigns to you all its right, title and interest in and to Output. This means you can use Content for any purpose, including commercial purposes such as sale or publication, if you

とは、生成 AI に与える指示文・命令文のことを指す。

① 生成 AI への指示文として既存の著作物を含むプロンプトを入力する行為（ただし、既存の著作物と類似する作品は生成されていない）

② 生成 AI への指示文として既存の著作物を含まないプロンプトを入力し、その結果、既存の著作物と類似する作品を生成 AI の出力として生成させる行為

③ 生成 AI への指示文として既存の著作物を含むプロンプトを入力し、その結果、既存の著作物と類似する作品を生成 AI の出力として生成させる行為

イ　行為類型①：生成 AI への指示文として既存の著作物を含むプロンプトを入力する行為（ただし、既存の著作物と類似する作品は生成されていない）

プロンプトに既存の著作物を入力する行為は、既存の著作物の複製にあたり、同一性・類似性、依拠性も肯定される。そのため、権利制限規定（法 30 条以下）の適用がない限り、原則として著作権侵害となり得る。

そこで、プロンプトに既存の著作物を入力する行為が、「情報解析」（法 30 条の 4 第 2 号）に該当し、同条の権利制限規定の適用の対象となるか否かが問題となる。この問題については、肯定説が一般的な見解であるように思われる[10]。

---

comply with these Terms."（お客様が本規約を遵守することを条件として、OpenAI は、アウトプットに対するすべての権利、権原、及び利益をお客様に譲渡します。これは、本規約を遵守すれば、販売や出版などの商業目的を含むあらゆる目的でコンテンツを使用できることを意味します。）と規定し、ユーザーは、利用規約を遵守する限りにおいて、生成されたコンテンツを、商用・私用問わず自由に利用できる旨を明記している。

10) 柿沼太一「『生成 AI と著作権侵害』の論点についてとことん検討してみる」（https://storialaw.jp/blog/9748）は、「生成 AI 内において、入力された既存著作物を解析し AI 生成物を生成する行為（正確には『AI 生成物の生成を行うための、入力著作物のモデル内での解析行為』）は条文の定義上『情報解析』（30 条の 4 第 2 号）に該当すると思われます。」として肯定説に立つ。

　文化庁資料も、プロンプトとして入力した内容に既存の著作物が含まれているか否かにかかわらず、「AI 生成物に、既存の著作物との『類似性』又は『依拠性』が認められない場合、既存の著作物の著作権侵害とはならず、著作権法上は著作権者の許諾なく利用することが可能です。」（45 頁）としていることから、肯定説に立つものと考えられる。

しかしながら、法30条の4第2号の規定は、既に述べたように、生成AIの開発・学習段階において研究・開発目的で著作物を利用する場合、著作物を構成する情報を数学的処理、計算機上の処理になじむよう変換した上で解析することから、著作物そのものの視聴により知的・精神的欲求を満たすことに向けられた利用とならず、非享受目的利用となることに着目して、権利制限規定の対象としたものと解される。

　前記のとおり、「情報解析」とは、「多数の著作物その他の大量の情報から、当該情報を構成する言語、音、映像その他の要素に係る情報を抽出し、比較、分類その他の解析を行うこと」と定義される。「解析」とは、一般的には「物事をこまかく解き開き、理論に基づいて研究すること」（広辞苑・第7版）を意味することを踏まえれば、「情報解析」とは、「画像・言語等に関する大量の情報から特徴量抽出を行うためのデータ分析の理論や手法を用いて、情報から抽出した特徴を利用した新たな発見や創作を行う」行為であり、「情報解析」のための著作物の利用行為は、「情報解析」の一環として、「著作物を構成する情報を数学的処理、計算機上の処理になじむよう変換する行為やそのための準備として複製する行為」を指すものと解される。

　現に、松田政行編『著作権法コンメンタール　別冊』も、法30条の4第2号の対象となり得る行為の例として

・「ウェブページや書籍等の中に含まれる特定の言語、文字列の用いられ方を分析し、……言語解析等のためにウェブページ、書籍等を複製する行為」
・「機械翻訳システムを開発するために対訳のデータベース（コーパス）を作成する行為」
・「AIによる深層学習（ディープラーニング）の学習用データとして音楽、画像、映像等を複製する行為」

　　これに対し、否定説として、プロンプトへの入力は、一般に「大量の情報」から解析を行うとは言い難いため、一般的に「情報解析」に該当しないことを理由とするものもある（福岡真之介「生成AIにおける法律問題—著作権編」西村あさひ法律事務所ロボット／AIニューズレター　2023年4月28日号）。しかし、1つの画像や文章であっても、画素レベル、トークンレベルに分解すれば「大量の情報」と評価し得る場合もあるから、理由付けについては疑問がある。

を挙げている。

　これに対し、「生成 AI のプロンプトに既存の著作物を入力する」行為は、それ自体がデータ分析の理論や手法を用いて特徴量抽出を行う行為ではないから、前記の「情報解析」の定義には該当しない。「情報解析」の意義につき、「画像・言語等に関する大量の情報から特徴量抽出を行うためのデータ分析の理論や手法を用いて、情報から抽出した特徴を利用した新たな発見や創作を行う」ことまで要求するならば、プロンプトに既存の著作物を入力する行為は「情報解析」には該当しないという否定説の結論となろう。

　ただし、「生成 AI のプロンプトに既存の著作物を入力する」行為にも、「著作物を構成する情報を数学的処理、計算機上の処理になじむよう変換する行為やそのための準備として複製する行為」という側面がある。従来は、プログラミングスキルを持つ開発者のみがこのような行為をなし得たが、生成 AI では、自然言語による指示のみで同様の行為をなし得るようになった。このことから、従来と同様の性質の行為を、機械学習・AI の開発者が行った場合は法 30 条の 4 第 2 号の適用があり、ユーザーが行った場合は適用がないと解することもアンバランスという意見も成り立ち得る。

　すなわち、この問題は、筆者の私見では、生成 AI においては、従来機械学習・AI モデルの開発者がプログラムコードを書いてコンピュータに指示していた行為を、プログラミングスキルを持たない者が自然言語でコンピュータに指示できるようになったことに起因する問題である。

　従来は開発者のみが行うことを前提に適法と解されていた利用行為の一部につき、ユーザーが自ら行う場合は、法が予定していた名宛人が異なるという理由で、提供されたサービスの利用行為の少なくとも一部が違法となってしまうという結論は、結果的に生成 AI の研究開発に対し萎縮的効果を及ぼすおそれもある。「情報解析」のための利用を適法とするならば、「情報解析」の結果として提供されたサービスにおける利用も一定程度は適法とする解釈論が望ましい。

　以上のとおり、現行法 30 条の 4 第 2 号の解釈として、筆者が述べた異論も十分に成り立つとするならば、疑義が生じないような法改正も検討する必要があろう。この問題については、引き続き研究課題としたい。

なお、仮に肯定説を採用した場合であっても、既存の著作物それ自体をプロンプトとして入力する行為は、プロンプトによる指示の内容にもよる[11]が、享受非享受目的並存の場合として法30条の4の適用が排除されることも多いと考えられる。

ウ　行為類型②：生成AIへの指示文として既存の著作物を含まないプロンプトを入力し、その結果、既存の著作物と類似する作品を生成AIの出力として生成させる行為

　この典型例としては、某ネコ型ロボットのイラストを生成しようと考えて、プロンプトに「三頭身・青色・ネコ・ロボットの各条件をすべて満たすようなイラストを生成してください」と入力し、その結果、某ネコ型ロボットにそっくりなイラストが生成されたという場合が考えられる。

　文化庁資料では、「AIを利用して画像等を生成した場合でも、著作権侵害となるか否かは、人がAIを利用せず絵を描いた場合などの、通常の場合と同様に判断されます。⇒『類似性』及び『依拠性』による判断」(43頁)、「既存の著作物との『類似性』及び『依拠性』が認められる場合、そのようなAI生成物を利用する行為は、①権利者から利用許諾を得ている　②許諾が不要な権利制限規定が適用される……のいずれかに該当しない限り、著作権侵害となります。」(45頁)とされ、AIを利用して既存の著作物と類似する画像・文章等を生成した場合、類似性・依拠性という通常の判断基準により複製権、翻案権といった支分権の侵害の有無が判断される旨が明示されている。この判断の枠組みは正当と思われるため、本書籍でもこの枠組みに従うこととする。

　依拠性について、生成AIの学習用データである膨大な大規模コーパスの一部に、他人の著作物が含まれる可能性があるからといって、直ちに「既存の著作物に接し、これを利用して後発の作品を作出した」とまではいえないであろう[12]。

---

11)　例えば、「この文章中、○○という単語は何回出現するでしょうか？」というプロンプトを入力した場合、非享受目的利用に該当すると見る余地もあろう。
12)　この点については、「断片になっておりアイディアにすぎないから依拠していない」とする否定説がある（福岡真之介「生成AIにおける法律問題—著作権編」西村あさひ法

　もっとも、ユーザーが既存の著作物の存在を知っている場合は、依拠の定義に合致すると評価することができよう[13]。そこで、ユーザーが既存の著作物の存在を認識しているか否かにより、場合分けをして考えることが適当である。

　既存の著作物の存在を認識している場合は、類似性・依拠性が認められるため、権利者からの利用許諾を得た場合、又は権利制限規定の適用がある場合のいずれかに該当しない限り、複製権・翻案権等の侵害となる。

　これに対し、既存の著作物の存在を認識していない場合は、生成 AI を利用することにより、独自・偶然に既存の著作物と類似する生成物を生成したものといえるため、既存の著作物を知らなかったことに対する過失の有無を問わず、依拠性が否定される[14]。

エ　行為類型③：生成 AI への指示文として既存の著作物を含むプロンプトを入力し、その結果、既存の著作物と類似する作品を生成 AI の出力として生成させる行為

　まず、生成 AI への指示文として既存の著作物を含むプロンプトを入力する行為は、既存の著作物の複製にあたり、同一性・類似性、依拠性も肯定される。そのため、権利制限規定（法 30 条以下）の適用がない限り、原則として著作権侵害となり得る。プロンプトに既存の著作物を入力する行為の「情報解析」（法 30 条の 4 第 2 号）該当性につき、肯定説を採れば、享受非享受目的並存の場合や法 30 条の 4 ただし書の場合に該当しない限り、法 30

　　律事務所ロボット／AI ニューズレター　2023 年 4 月 28 日号参照）。「既存の著作物の表現は、単語埋め込み（word embedding）ないし文脈ベクトル化による特徴量抽出の結果、抽象化された情報の断片と化しているため、当該情報の断片ないしアイデアを利用しているに過ぎない」という意味であれば、そのような考え方も成り立ち得るように思われる。

13)　文化庁資料においても、「依拠性に関する今後の検討事項（一例）」の中で、「AI 利用者が既存の著作物を認識しており、AI を利用してこれに類似したものを生成させた場合は、依拠性が認められると考えてよいのではないか」（49 頁）と指摘されている。

14)　ただし、柿沼太一「『生成 AI と著作権侵害』の論点についてとことん検討してみる」（https://storialaw.jp/blog/9748）は、「もちろん、これは『理屈上はこうなる』という話でして、実際に既存著作物と類似した AI 生成物を生成した場合に、『既存著作物の存在を知らなかった』という主張が通るかどうかは別問題です。」として、依拠性の判断における事実認定上の問題として、独自生成の主張が否定される可能性を指摘している。

条の4の規定により適法とされる余地がある。ただし、実際に既存の著作物と類似する作品が生成されている以上、享受目的の場合あるいは享受非享受目的並存の場合と認定される可能性は高まるであろう[15]。これに対し、否定説を採れば、他の権利制限規定の適用がない限り、著作権侵害と判断されることになろう。

次に、既存の著作物と類似する作品を生成AIの出力として生成させた行為についても、類似性・依拠性は問題なく肯定されるであろう。権利制限規定の適用について、法30条の4は既にプロンプト入力の行為により該当性を評価される以上、肯定説・否定説いずれを採用するかにかかわらず、この段階では法30条の4の適用はない。

以上により、エに該当する行為については、既存の著作物との「類似性」及び「依拠性」が認められることから、そのようなAI生成物を利用する行為は、権利者からの利用許諾を得ない限り、著作権侵害と判断されることが通常であろう。

⑸　AI生成物の「著作物」該当性について

ア　はじめに

AI生成物の「著作物」該当性は、法律事務所における生成AIの利活用と直接には関連しないが、極めて有名な論点であり、文化庁資料でも触れられていることから、簡単に紹介することとした。

イ　AI生成物が「思想又は感情」の創作的表現といえる場合

著作物は、「思想又は感情」を創作的に表現したもの（法2条1項1号）と定義されており、人間の思想・感情が表現されていないものは、著作物としての保護を与えられるものではない。

他方で、人がAIを含めコンピュータを道具として利用して生成した具体的な表現を「著作物」と認めることは可能である。そのための要件としては、「創作意図」（AIを含めたコンピュータを使用して、思想・感情をある結果物として表現しようとする意図）及び「創作的寄与」（創作過程において、

---

15)　上記注14) 柿沼太一も同旨。

人が具体的な結果物を得るための創作的寄与と認めるに足る行為を行ったこと）が必要と解されている。

「創作意図」と「創作的寄与」については、文化庁資料において、以下のとおり解釈されている[16]。

①　創作意図は、生成のために AI を使用する事実行為から通常推認し得るものであり、また、具体的な結果物の態様についてあらかじめ確定的な意図を有することまでは要求されず、当初の段階では、「AI を使用して自らの個性の表れとみられる何らかの表現を有する結果物を作る」という程度の意図があれば足りる。

②　創作的寄与について、どのような行為を創作的寄与と認めるに足る行為と評価するかについては、個々の事例に応じて判断せざるを得ないが、生成のために AI を使用する一連の過程を総合的に評価する必要がある。

以上の見解によれば、例えば、人が簡単なプロンプトを与えて「生成」をクリックしただけで生成 AI が出力した生成物は、「思想又は感情を創作的に表現したもの」とはいえず、著作物に該当しないと考えられる。

他方で、一定の創作意図の下に、生成 AI に必要なプロンプト等の指示文を入力し「生成」をクリックすることによって、生成 AI が出力した生成物を、当初の意図に照らして吟味・修正する行為や、生成 AI との対話形式により何度かプロンプト等の指示文を入力した結果、最終的に生成 AI が出力した生成物を選択して作品として固定する行為については、創作的寄与があると評価され、著作物に該当すると判断される余地が生じる。

「創作的寄与」の認定の困難性について、知的財産戦略本部「新たな情報財検討委員会報告書—データ・人工知能（AI）の利活用促進による産業競争力強化の基盤となる知財システムの構築に向けて—」（以下、「新たな情報財検討委員会報告書」という。）は、「AI の技術の変化は非常に激しく、具体的な事例が多くない状況で、どこまでの関与が創作的寄与として認められるかという点について、現時点で、具体的な方向性を決めることは難しいと

---

16)　文化庁資料 58～59 頁。なお、文化庁「著作権審議会第 9 小委員会（コンピュータ創作物関係）報告書」第 3 章Iの 1⑶（1993 年 11 月）も同旨。

第1章

第2章

第3章

第4章

第5章

第6章

生成 AI を利活用する際に生じる法的問題点その他の諸問題

考えられる。したがって、まずは、AI 生成物に関する具体的な事例の継続的な把握を進めることが適当である。」と指摘している[17]。

さらに、仮に創作的寄与が認められ、AI 生成物が「著作物」と認められた場合においても、どの程度まで権利を付与することが適当かという論点もある。すなわち、人間と生成 AI が担当した部分を棲み分けできる場合は、人間が担当した部分に著作権を認めることができるが、分離できない場合、人間同士であれば「共同著作物」（法 2 条 1 項 12 号）に該当するものを、生成 AI が関与した結果、人間が生成 AI の担当した部分も含めて著作権を独占するという結論が妥当か、という問題である。

ウ　その他の論点について

まず、AI 生成物に対する著作権保護の必要性（人間の創作的寄与のない AI 生成物に全く法的保護を与えないことが適当か）という論点がある。法的保護が一切否定されると、AI 開発者による投下資本回収の途を閉ざし、AI 開発や AI 生成物の作成に対するインセンティブを阻害しかねない。また、AI 生成物が無許諾で利用できるとすれば、利用コストが不要な AI 生成物が優先的に利用される反面、自然人が創作したコンテンツの利用頻度が低下し、経済的利益が創作した自然人に十分に還元されなくなる。そうなると、自然人の創作インセンティブが減殺する。さらには、人間と生成 AI のコンテンツのクオリティに差がなくなると、AI 生成物を自らが創作した著作物と僭称することで、本来は付与されない著作権を行使し得る事態も生じ得る（いわゆる「僭称コンテンツ問題」）。

次に、仮に AI 生成物を著作権法で保護するとした場合、いかなる法技術によるかという論点もある。これについては、立法により著作物の範囲を拡大し、AI 生成物も「著作物」に含める方法、AI に法人格を与えて AI に権利を帰属させる方法、著作隣接権として保護を与える方法などが提案されている。

17）「新たな情報財検討委員会報告書」37 頁。

3　生成 AI の利活用と個人情報・会社の機密情報漏えいの危険

(1)　個人情報や機密情報を生成 AI に入力する行為の問題点

　第 1 章 5(4)で述べたように、ユーザーが、ChatGPT などの生成 AI サービスに個人情報や会社の機密情報を入力すると、利用規約・プライバシーポリシーの内容により、当該個人情報や会社の機密情報が生成 AI モデルの学習に利用されることがあり、それ自体が個人情報・機密情報の漏えいに当たるおそれがあるほか、第三者への出力を通じ生成 AI 経由でそれらの情報が漏えい・流出するおそれもある。

　そこで、本書籍では、個人情報・プライバシー保護の観点及び企業の機密情報保護の観点から、生成 AI の利活用に伴う危険性について概観する。

(2)　個人情報の適正な取扱いとプライバシー保護の重要性
ア　個人情報保護法・個人情報保護ガイドラインと注意喚起

　生成 AI サービスの普及に伴い、その利用の仕方によっては、第三者の個人情報が漏えいするおそれ、あるいは第三者のプライバシーが侵害されるおそれが生じることが問題視されるようになった。

　この点については、周知のとおり、個人情報取扱事業者による個人情報の適正な取扱いを確保するとの見地から、個人情報の保護に関する法律（以下、本節において「法」という。）が定められているほか、その具体的な指針として個人情報保護委員会により「個人情報の保護に関する法律についてのガイドライン」が定められているところである[18]。

　個人情報保護委員会は、我が国において、生成 AI サービスが普及していることを踏まえ、令和 5 年 6 月 2 日、「生成 AI サービスの利用に関する注意喚起等」（以下「注意喚起」という。）を公表した[19]。この注意喚起は、「個人情報の適正な取扱いによる個人の権利利益の確保の要請と、新たな技

---

18)　個人情報保護委員会ホームページ（https://www.ppc.go.jp/personalinfo/legal/）
19)　個人情報保護委員会ホームページ（https://www.ppc.go.jp/files/pdf/230602_alert_generative_AI_service.pdf）

術に基づく公共的な利益（イノベーションの促進、生産性の向上、教育効果の向上、気候変動問題等の国際社会の課題の解決等を通じて、多様な社会的・経済的利益の増進に寄与する可能性）の要請とのバランスに留意」したものと位置付けられている。

　この注意喚起の中では、一般の利用者における留意点として、①生成AIサービスでは、入力された個人情報が、生成AIの機械学習に利用されることがあり、他の情報と統計的に結びついた上で、また、正確又は不正確な内容で、生成AIサービスから出力されるリスクがある。そのため、生成AIサービスに個人情報を入力等する際には、このようなリスクを踏まえた上で適切に判断すること、②生成AIサービスでは、入力されたプロンプトに対する応答結果に不正確な内容が含まれることがある。例えば、生成AIサービスの中には、応答結果として自然な文章を出力することができるものもあるが、当該文章は確率的な相関関係に基づいて生成されるため、その応答結果には不正確な内容の個人情報が含まれるリスクがある。そのため、生成AIサービスを利用して個人情報を取り扱う際には、このようなリスクを踏まえた上で適切に判断すること、③生成AIサービスの利用者においては、生成AIサービスを提供する事業者の利用規約やプライバシーポリシー等を十分に確認し、入力する情報の内容等を踏まえ、生成AIサービスの利用について適切に判断することが明記されている。

　また、個人情報取扱事業者における注意点として、①個人情報取扱事業者が生成AIサービスに個人情報を含むプロンプトを入力する場合には、特定された当該個人情報の利用目的を達成するために必要な範囲内であることを十分に確認すること、②個人情報取扱事業者が、あらかじめ本人の同意を得ることなく生成AIサービスに個人データを含むプロンプトを入力し、当該個人データが当該プロンプトに対する応答結果の出力以外の目的で取り扱われる場合、当該個人情報取扱事業者は個人情報保護法の規定に違反することとなる可能性がある。そのため、このようなプロンプトの入力を行う場合には、当該生成AIサービスを提供する事業者が、当該個人データを機械学習に利用しないこと等を十分に確認することが明記されている。

　なお、注意喚起では、「当委員会は、……生成AIサービスの開発・利用

状況を引き続き注視していく予定であり、今後、追加の注意喚起等を実施する可能性もある点に留意されたい。」とされており、生成 AI の利活用と個人情報の適正な取扱いについても、日々最新の情報に注意していくことが必要であろう。

イ　一般的なユーザーが生成 AI を利用する際の危険性と対策

　個人情報（法 2 条 1 項）とは、生存する「個人に関する情報」であって、「当該情報に含まれる氏名、生年月日その他の記述等により特定の個人を識別することができるもの（他の情報と容易に照合することができ、それにより特定の個人を識別することができることとなるものを含む。）」、又は「個人識別符号が含まれるもの」をいう。

　注意喚起が指摘しているように、生成 AI の利用規約・プライバシーポリシー上、入力された個人情報がモデルの学習に利用され、第三者の利用時に当該個人情報が出力されてしまうことが想定し得る。しかも生成 AI の幻覚（hallucination）現象という特性と相俟って、不正確な情報が出力されてしまうことも想定し得る。生成 AI に個人情報を入力したことで、モデルが当該個人情報を学習し、第三者の利用時に、幻覚現象と相俟って当該個人について誤った犯罪情報など社会的評価を低下させる情報を出力する、という事態もあり得ないとはいえない。この場合は、単なるプライバシー権侵害のみならず、名誉毀損の不法行為ともなり得る。

　このようなリスクを回避すべく、生成 AI サービスに個人情報を入力することが適切か否かを判断するに際し、生成 AI サービスを提供する事業者の利用規約・プライバシーポリシーを確認することが重要である。ChatGPT のように、無償版については、入力されたデータがモデルの学習に利用されることが多いと考えられる[20]。したがって、無償版を利用する際には、まず個人情報を入力しないことが肝要であろうと思われる。また、例えば勤務先の会社等で生成 AI サービスの利用ガイドラインが策定されている場合は、

---

20)　OpenAI によれば、API 連携により入力された情報は常にモデル学習等に利用されないが、無償版など API 連携によらず入力された情報はモデル学習等に利用される可能性が示唆されている。「Training」を「off」に設定することで、モデル学習等に利用されなくなるが、不正利用の監視のため一定期間は情報のデータが残るとされている。

当該会社が導入しているサービスが無償版であるか否かを問わず、当該利用ガイドラインの内容をよく理解して遵守することが肝要である。

ウ　個人情報取扱事業者が生成 AI を利用する際の危険性と対策

　個人情報取扱事業者（法16条2項）とは、個人情報データベース等を事業の用に供している者のうち、国の機関、地方公共団体等を除いた者をいう。事業について営利・非営利の別は問わない。個人情報データベース等を事業の用に供している者であれば、これを構成する個人情報によって識別される特定の個人の数の多寡にかかわらず、個人情報取扱事業者に該当する。

　個人情報データベース等（法16条1項）とは、特定の個人情報をコンピュータを用いて検索することができるように体系的に構成した、個人情報を含む情報の集合物をいう。また、コンピュータを用いていない場合であっても、紙面で処理した個人情報を一定の規則（例えば、五十音順等）に従って整理・分類し、特定の個人情報を容易に検索することができるよう、目次、索引、符号等を付し、他人によっても容易に検索可能な状態に置いているものも該当する。

　個人データ（法16条3項）とは、個人情報データベース等を構成する個人情報をいう。

　以上の定義によれば、ほとんどの弁護士は、個人情報取扱事業者に該当することになろう。

　個人情報取扱事業者は、個人情報を取り扱うに当たっては、利用目的をできる限り具体的に特定しなければならない（法17条1項）。あらかじめ個人情報を第三者に提供することを想定している場合には、利用目的において、その旨を特定しなければならない。特定された利用目的の達成に必要な範囲を超えて個人情報を取り扱う場合は、あらかじめ本人の同意を得る必要がある（法18条1項）。

　したがって、個人情報取扱事業者が生成 AI サービスに個人情報を含むプロンプトを入力する場合には、法17条1項により特定された個人情報の利用目的を達成するために必要な範囲内であることを十分に確認する必要がある（法18条1項参照）。

　個人情報取扱事業者は、一定の除外事由がある場合を除き、あらかじめ本

人の同意を得ないで、個人データを第三者に提供してはならない（法 27 条
1 項）。なお、あらかじめ個人情報を第三者に提供することを想定している
場合には、利用目的において、その旨を特定しなければならない（法 17 条
1 項参照）。

　したがって、個人情報取扱事業者が、仮に、入力した情報が生成 AI サー
ビスのモデル学習に利用されないことが保証されないサービスを利用してい
た場合、あらかじめ本人の同意を得ることなく生成 AI サービスに個人デー
タを含むプロンプトを入力し、当該個人データが当該プロンプトに対する応
答結果の出力以外の目的で取り扱われるという事態が生じたとすれば、法
17 条 1 項、法 18 条 1 項、法 27 条 1 項に違反するものと判断される可能性
が高い。

⑶　企業の機密情報漏えいの防止

　不正競争防止法は、企業の秘密情報のうち一定の要件を満たすものを「営
業秘密」（2 条 6 項）、「限定提供データ」（2 条 7 項）として保護している。
「営業秘密」としての保護には、秘密として管理されている情報であること
が、「限定提供データ」としての保護には、業として特定の者に提供する情
報として電磁的方法により管理されていることが、それぞれ要求される。

　会社が従業員に対し、利用ガイドライン等を作成することなく、会社の情
報を生成 AI サービスに入力することを安易に許容ないし黙認していると、
生成 AI サービス事業者の利用規約等の内容によっては、そうした情報が不
正競争防止法上の「営業秘密」ないし「限定提供データ」としての保護を受
けられなくなるおそれがある[21]。この観点からも、生成 AI の利活用に関す
る従業員への指導・監督は重要である。

　また、取引先から秘密保持契約を締結して入手した機密情報を生成 AI サー
ビスに入力する行為は、当該生成 AI サービス事業者という第三者に秘密
情報を開示することにつながりかねないし、契約の解釈によっては目的外利

21）　福岡真之介「【AI】生成 AI における秘密情報の取り扱いの注意点」（2023 年 5 月 1
　　　日）（https://note.com/shin_fukuoka/n/n09583f231c3d）

用であるとされる可能性もある。したがって、生成 AI サービスにこうした情報を入力することは、秘密保持義務違反に該当するおそれがある。

　企業の情報は、機密情報であるか否かにかかわらず、いったん外部に漏えい・流出した場合、当該企業に回復不可能な損害が発生することも十分あり得る。そのため、所属する会社や顧客の情報を生成 AI サービスに入力しようとする際には、会社の利用ガイドラインや当該サービスの利用規約等を慎重に確認した上で、間違いなく安全であると判断した場合にのみ入力することが許されるであろう。特に、会社や顧客の機密情報については、本当にその情報を入力する必要があるか否かという観点から慎重に検討すべきであり、原則として入力することは控えるべきである。

4 生成 AI の利用により取引先・顧客に虚偽の情報を提供する危険

⑴ 「幻覚」（hallucination）現象の危険

　既に述べたように、生成 AI は、あたかも真実であるかの如く虚偽の情報をごく自然に、もっともらしく出力する特性があり、「幻覚」（hallucination）現象として知られている。そのため、生成 AI が生成した文章は、人間の手で検証しない限り、正確性の保証がないことは、絶対に認識していなければならない。

⑵ 生成 AI の利用により虚偽の情報を提供した場合の法的責任

　仮に著作権侵害や個人情報漏えいには注意を払ったとしても、生成 AI が出力した不正確な情報をそのまま取引先・顧客に伝えるなどした場合、あるいは伝えた不正確な情報によって第三者の権利ないし法律上の利益を侵害した場合、当該取引先・顧客あるいは第三者に対し債務不履行責任・不法行為責任を負う可能性がある。過失の有無は、生成 AI が生成した回答の真偽・正確性を検証するために必要かつ相当な調査義務を尽くしたかによって判断されると考えられるが、どの程度の調査・検証を行えば過失がなかったと判断されるかはケースバイケースであろう。もとより、生成 AI が生成した文

章の内容を、いくら自然でもっともらしいからといって妄信し、そのまま取引先・顧客に提供した場合に、過失が認められることはいうまでもない。

　具体的には、侵害者が会社の従業員であった場合、取引先・顧客に対し損害賠償をした会社から従業員に対して一部求償がなされる可能性がある（最一小判昭和 51 年 7 月 8 日民集 30 巻 7 号 689 頁）。

　また、侵害者が弁護士であった場合、顧客から債務不履行・不法行為に基づく損害賠償請求を、第三者から不法行為に基づく損害賠償請求を受ける可能性があるのみならず、弁護士職務基本規程 37 条違反に該当する行為であるとして懲戒処分を受ける可能性がある。なお、弁護士が、民事訴訟において、ChatGPT を利用して生成した回答の内容を、その裏付けを調査することなく漫然と主張し、又は証拠として提出した場合、民事訴訟規則 85 条違反となるが、それだけでなく、発覚後は法廷に顕出する主張立証の内容について、裁判所及び相手方からかなり厳しい目で主張及び証拠の信頼性をチェックされることとなるので、十分に留意されたい。

　生成 AI による「幻覚」（hallucination）現象は既に周知となりつつあるし、生成 AI サービスの事業者の利用規約にも、サービスにより出力された情報の正確性を保証しない旨が規定されていることが一般的であろうと考えられるため、取引先・顧客あるいは第三者に対し負担した損害賠償債務を生成 AI サービスの事業者に求償することも困難であろうと思われる。

5　今後の日本における法改正の方向性について

　2023 年 5 月 11 日の「AI 戦略会議」にて、「日本製の大規模言語モデルがなければ将来的なビジネスの阻害要因になり得る。中長期的に日本の技術力を高めるべきだ」との意見が提案された。このように、日本でも、ChatGPT、Bard のような生成 AI の基礎となる大規模言語モデルの自社開発が大きく期待されている。

　日本で独自の事前学習による大規模言語モデルの開発を大きく後押しする方向性は今後も当面継続すると思われる。そのため、開発者による開発を委

縮させる法規制を行うとは考え難い。また、利用者による利用を委縮させるような法規制は、開発者の開発インセンティブを損ない、開発もまた委縮させるので、これも考え難い。

　もっとも、G7において、「企業の海外進出の際の法令対応コストを抑えるべく各国の規制の方向性をなるべく統一すべき」とする議論がされたことも踏まえ、国際的な情勢にも目を向ける必要がある。特に、法律による厳格な規制を志向するEUとの足並みをどう揃えていくかは大きな課題である。また、日本でも、「AI戦略会議」の松尾豊座長が、生成AIは利用者との対話で抽出した個人情報が不正利用される懸念がある、不正確な情報のもとに文章や動画を生成し誤情報を拡散させるおそれもあるとして、「セキュリティやプライバシー、知的財産権は重要な論点だ」と指摘する[22]など、法的リスクへの対策も重大な課題となっている。

　生成AIの技術開発によるイノベーションの促進、生産性の向上その他、多様な社会的・経済的利益の増進という国家的利益と、重大な人権侵害のリスクへの対策を今後どのように調和させていくべきか、引き続き議論の動向を注視していくことが必要である。

---

22)　内閣府・第1回AI戦略会議（令和5年5月11日）配布資料2「AIを巡る主な論点」（https://www8.cao.go.jp/cstp/ai/ai_senryaku/1kai/shiryo2.pdf）、議事要旨（https://www8.cao.go.jp/cstp/ai/ai_senryaku/1kai/giji.pdf）

生成 AI と著作権についてのディベート

ChatGPT に生成 AI と著作権についてのディベートをさせてみた。かなり粗削りではあるが、対立利益をうまく衡量できており、法的な予測可能性の重要性や、コンテンツが学習に使われる著作権者の利益保護（新たな報酬モデルの構築）といった論点を幅広く拾えている。著作権法の目的に沿った議論もできている。

> **Prompt:**
> では、「生成 AI の利活用を推進するために、著作権法の改革が必要か」について、ディベートを行いたいと思います。
> 生成 AI の利活用を推進するためには、モデルに学習させるために大量の著作物を著作権者の許諾なく利用できるものとする必要があります。また、生成 AI の利用者が著作権侵害を恐れることなく利用できるものとする必要があります。
> 一方、生成 AI の利活用という名目の下に、たくさんの著作権者の著作物が無断で利用できるとすれば、著作権者がその著作物から正当な対価を得られないことになりかねず、創作へのインセンティブが失われることになりかねません。
> 生成 AI 推進派と著作権者利益保護派に分かれて、まずは生成 AI 推進派の主張の論拠を挙げてください。

 生成 AI の利活用を推進するために著作権法の改革が必要と主張する立場では、以下のような論拠が挙げられます。

1. 技術の進歩と社会の利益：…(略)…AI モデルに学習させるための著作物利用が容易になれば、より高品質で多様なコンテンツが生成され、社会全体の利益が増大することが期待できます。
2. 公共の利益と創造的表現の促進：…(略)…生成 AI を活用したコンテンツ創造が促進され、創造的な表現の幅が広がることになります。
3. 法的不確実性の解消：…(略)…生成 AI によるコンテンツ生成が明確に規定されることで、利用者は法的な不確実性や訴訟リスクを抱えることなく、安心

して生成 AI を利用することができます。

4. 利用者の創造的活動支援：…(略)…生成 AI の利用
者は著作物を学習データとして使用することが容易
になります。…(略)…これは技術のイノベーション
を促進し、クリエイティブな活動を支援する一助と
なるでしょう。…(略)…

では、著作権者利益保護派の主張の論拠を挙げてください。

 著作権者利益保護派の主張の論拠としては、以下のような
点が挙げられます。

1. 著作権保護の重要性：…(略)…著作権者が自身の作
品に対して経済的な報酬を得られることは、創作活
動のインセンティブを維持し、クリエイティブな表
現の継続的な発展に不可欠です。

2. 知的財産権の尊重と公正な競争：著作権法は知的財
産権を保護するための枠組みであり、他人の著作物
を無断で利用することは不正な行為です。生成 AI が
著作物を利用する場合、著作権者の許諾を得ること
は重要です。…(略)…

3. 著作権法の適用範囲の明確性：…(略)…明確な著作
権法の枠組みが整備されないまま、生成 AI の利用が
拡大することは、著作権侵害のリスクを増大させる
可能性があります。

4. 著作権法改革の慎重性：…(略)…生成 AI の利用を
容易にするために著作権法を緩和すると、著作権者
の利益が損なわれる恐れがあります。…(略)…

では、生成 AI 推進派の立場から、著作権者利益保護派の論拠
に対して反論をしてください。

 生成 AI 推進派の立場から、著作権者利益保護派の論拠に
対して以下のような反論が考えられます。

1. 技術の進歩と社会の利益：…(略)…生成 AI は医療、

教育、クリエイティブ業界など様々な分野で革新的な成果を生み出す可能性があります。制約を強めることで、社会の進歩と利益が制限されることになります。

2. フェアユースの重要性：…(略)…著作物の一部利用や批評・評論、教育などの目的での利用を許容するフェアユースの概念も重要です。生成 AI の利活用も、フェアユースの範囲内での利用と捉えることができます。…(略)…

3. 新たな報酬モデルの必要性：…(略)…新たな報酬モデルを考慮する必要があります。例えば、生成 AI の利用料やライセンス料を設定し、著作権者に適切な報酬を提供する仕組みを構築することができます。…(略)…

Prompt:

では、著作権者利益保護派の立場から、生成 AI 推進派の論拠に対して反論をしてください。

 著作権者利益保護派の立場から、生成 AI 推進派の論拠に対して以下のような反論が考えられます。

1. 著作権者の正当な報酬の保証：…(略)…著作権法の改革により、著作物の利用が容易になることで著作権者は対価を得られなくなり、創作活動へのインセンティブが減少する可能性があります。正当な報酬の保証なしには、著作権者の創造的な活動が妨げられる可能性があります。

2. 著作権の侵害とクオリティコントロール：…(略)…生成 AI は大量の著作物を学習するため、オリジナルの作品と類似または酷似したコンテンツを生成する可能性があります。これにより、著作権者の作品の独自性やクオリティが損なわれるおそれがあります。…(略)…

3. 作品の所有権と制御権：著作権者利益保護派は、著作者には自身の作品を制御する権利があるべきだと主張します。生成 AI の利活用を容易にすることで、

第1章

第2章

生成AIを利活用する際に生じる法的問題点その他の諸問題

第3章

第4章

第5章

第6章

著作者は自身の作品が不正確に生成・変更されるリスクを抱えることになります。…(略)…

Prompt:
著作権法は、著作権の保護と著作物の公正な利用を調和させることにより、文化の発展に寄与することをその目的としています。この観点から、さらに両者の論拠を追加してください。

文化の発展に寄与することを踏まえて、生成 AI 推進派と著作権者利益保護派の論拠をさらに追加します。

生成 AI 推進派の観点からの追加論拠：
5. 文化的多様性の促進：…(略)…AI が学習するための幅広い著作物へのアクセスが容易になると、地域や文化に根ざしたコンテンツの創出が活発化し、文化的多様性が促進されることが期待できます。
6. 公共利益と教育への貢献：…(略)…生成 AI を教育や研究の目的で利用することが容易になれば、教育機関や学生はより豊かな教育資源にアクセスできるようになります。…(略)…

著作権者利益保護派の観点からの追加論拠：
5. 創作活動へのインセンティブの保護：…(略)…厳格な著作権法を維持することにより、著作者が自らの作品に対する報酬を保証されると同時に、将来の創作活動へのインセンティブを確保する必要性を主張します。…(略)…
6. 著作物の保護と保全：…(略)…生成 AI の利用が拡大すると、著作権者の作品が未承諾で改変・複製される可能性が高まります。…(略)…

Prompt:
生成 AI 推進派の論拠と著作権者利益保護派の論拠を、両者の主張の対立点が分かるように、表形式でまとめてください。

以下は、生成 AI 推進派と著作権者利益保護派の主張を表形式でまとめたものです。

論点	生成 AI 推進派	著作権者利益保護派
技術の進歩と社会の利益	生成 AI の利用による革新的な成果が期待される。	制約なく利用すると著作権者の権益が侵害される可能性。
著作権者の正当な報酬の保証	新たな報酬モデルを考慮すれば、報酬は得られる可能性。	利用容易化で報酬が得られなくなり、創作活動へのインセンティブが減退する。
文化的多様性の促進	地域や文化に根ざした多様な作品が増加する可能性。	利用の制限が緩和されると、著作物のオリジナリティが損なわれる可能性。
公共利益と教育への貢献	教育や研究による利用が容易になる利点。	著作物の教育・研究への不正確な利用が懸念される。
著作権の侵害とクオリティコントロール	著作権法の改革で法的フレームワークを整備すれば、著作権侵害を回避できる。	AI による無断改変や複製のリスクが高まる。
創作活動へのインセンティブの保護	技術の進展を支える新たな報酬モデルを考慮すれば、創作活動へのインセンティブが減ることはない。	厳格な著作権保護が著作者の創作意欲を保持する必要がある。
著作物の保護と保全	文化の進展を促進する一方で、著作物の保護が重要。	柔軟性を追求する中でも、著作物の保護を確実に行う必要。

第 3 章

法律事務所において生成 AI を
利活用する際に留意すべき諸事項

1 はじめに

　第 2 章において、生成 AI を業務で利用するに際しては、①著作権侵害、②個人情報・機密情報の漏えい、③誤情報の使用・拡散などの法的なリスクがあることは既に述べた。本章では、生成 AI を法律事務所の業務において利活用する際に特有の問題点・留意点について説明する。

　全般的な留意事項としては、生成 AI サービスへのプロンプト（指示文・命令文）を入力する際にも、生成 AI の回答を利用する際にも、一定程度の注意と判断が要求されることが挙げられる。すなわち、入力時には、入力してよい情報とそうでない情報を区別して入力すべきことが要求される。また、出力結果の利用時には、自らの専門領域に関する情報であれば格別、そうでない場合は、必ず裏を取って正確性を検証することが重要である。ソース（情報源）、エビデンス（根拠）を確認せず、生成された内容を安易にそのまま用いることは大変危険である。また、既存の著作物について第三者の著作権を侵害するものか否かの検討も重要である。上記の点は、いずれも弁護士法の規定及び弁護士職務基本規程（平成 16 年 11 月 10 日会規第 70 号）との関係でも問題となり得るものであり、それらの違反に対しては懲戒処分（場合によっては刑事罰）の対象となり得ることも留意すべきである。

　また、法律事務所の業務全般において利活用しようとする場合、弁護士のみならず、事務職員にも生成 AI の特性や利用時における留意点を周知する必要もある。法律事務所の業務全般における生成 AI の利活用を行うためには、弁護士のみならず事務職員も含めた所員全員を対象に、生成 AI の原理

やリスクを踏まえた利活用リテラシーを高める継続的な取組が要求される。

2 弁護士が負う守秘義務と生成 AI の利用時における個人情報・機密情報等の取扱い

(1) 個人情報保護法・ガイドラインの遵守

　弁護士又は弁護士法人が個人情報取扱事業者に該当する場合（ほとんどの場合は該当するであろう）、個人情報保護法・ガイドラインを遵守すべきことはいうまでもない。その際の留意点については、第2章を参照されたい。

(2) 弁護士法・弁護士職務基本規程の遵守

　弁護士は、相談者・依頼者（以下、両者併せて「依頼者」という。）からその有利不利を問わず、様々な秘密を正直に申告してもらうことを通じ、事件処理方針の立案をはじめとする法律事務を最も有効かつ適切に行うことができる。

　弁護士が秘密を守る権利義務は、刑法（134条1項）、刑事訴訟法（149条、105条）、民事訴訟法（197条1項2号、220条4号ハ）その他の法律により制度的に保障されているため、弁護士が守秘義務を守ることに対する社会的信頼がある。故に、依頼者は、弁護士は国家権力をはじめとする強大な権力にも屈せず秘密を守り通すとの信頼の下、有利不利問わず自己の秘密を打ち明けてくれる。

　このように、弁護士の守秘義務は、その職務の基盤であり、弁護士倫理の中でも最も中核をなすべき義務とされる[1]。

　弁護士の守秘義務に関する規定としては、以下の2つが重要である。

---

1)　日本弁護士連合会弁護士倫理委員会編著『解説　弁護士職務基本規程〔第3版〕』（2017）55頁参照

2 弁護士が負う守秘義務と生成 AI の利用時における個人情報・機密情報等の取扱い

〈弁護士法 23 条〉

> **（秘密保持の権利及び義務）**
> **第 23 条** 弁護士又は弁護士であつた者は、その職務上知り得た秘密を保持する権利を有し、義務を負う。但し、法律に別段の定めがある場合は、この限りでない。

〈弁護士職務基本規程 23 条〉
（なお、共同事務所について同 56 条、弁護士法人について同 62 条）

> **（秘密の保持）**
> **第 23 条** 弁護士は、正当な理由なく、依頼者について職務上知り得た秘密を他に漏らし、又は利用してはならない。

「職務上知り得た秘密」とは、弁護士が職務を行う過程で知り得た秘密を広く含み、受任している事件とは直接関係しない事項も含む。「秘密」とは、依頼者の不利益となり得る事項に加え、当該依頼者のみならず、社会通念上一般に第三者に知られたくないと思われる事項も含む。「依頼者」とは、個別事件を依頼した者のほか、受任には至らなかった相談者・顧問先等も含む。事件が終了した過去の依頼者も含む。もっとも、弁護士法 23 条が「依頼者の」秘密に限定していないことなどから、事件の相手方や第三者の秘密であっても守秘義務の対象となるとする見解もあり、日弁連綱紀委員会もそのような立場を採用している[2]。

「他に漏らし」とは、第三者に開示することをいい、不特定又は多数の第三者に開示する場合のみならず、特定かつ少数の第三者に開示する場合も含む。開示した当該第三者に、他には開示しないよう約束させる場合も「漏らす」に該当する。

「利用」とは、秘密をもとに一定の効果を得ることを企図して行為するこ

---

2) 日本弁護士連合会弁護士倫理委員会編著『解説 弁護士職務基本規程〔第 3 版〕』(2017) 59 頁参照。

とをいう。秘密の開示がなくとも、利用すればそれだけで本条違反となる[3]。

　以上の規定の解釈によれば、事件の依頼者・相手方、第三者の個人情報・機密情報を含め、特に弁護士が職務を行う過程で知り得た秘密は、受任している事件と直接関係あるか否かにかかわらず、守秘義務の対象として、漏示・利用が禁止されることになろう。生成 AI を利用する際には、事件の依頼者のみならず、相手方や第三者との関係でも、入力する情報が守秘義務の対象となり得るか否かを予め慎重に判断することが必須である。特に、弁護士職務基本規程 23 条は、秘密の漏示のみならず、「利用」をも禁止の対象としていることには留意すべきである。

⑶　弁護士情報セキュリティ規程の制定と遵守[4]
ア　今後における情報セキュリティの重要性

　法律事務所における生成 AI の利活用は、法律事務所内で発生する多くの業務や作業をコンピュータ上で行うことと軌を一にしている。令和 4 年 5 月に成立・公布された「民事訴訟法等の一部を改正する法律」(令和 4 年法律第 48 号) は、民事裁判手続等の全面的 IT 化を志向するものであり、同法の施行後においては法律事務所内の業務をコンピュータ上で行うのみならず、訴訟において提出する主張書面や証拠はもちろん、その他の業務の成果物等についても電子データ化して保存・提出する場面が飛躍的に増大すると予測される。そうなると、クライアントの秘密を含む守秘義務の対象となる情報やその他機密性の高い情報も、必然的に電子データ化されて保存されることとなる。

　もっとも、電子データは複製が容易であり、いったん流出するとインターネット等を通じて拡散され、かつその内容が半永久的に残存するおそれもある。サイバー攻撃による情報漏えいや情報の毀損・改ざんに曝されるリスクも抱えている。守秘義務の対象となる情報その他機密性の高い情報の漏えい

---

3)　日本弁護士連合会弁護士倫理委員会編著『解説　弁護士職務基本規程〔第 3 版〕』(2017) 60 頁。
4)　日本弁護士連合会・弁護士業務における情報セキュリティに関するワーキンググループ編『解説　弁護士情報セキュリティ規程』(2023)

等は、回復不可能な損害を発生させかねない危険性を孕んでいる。

　そのため、e 提出、e 事件管理、e 法廷を 3 本柱とする民事裁判手続の全面的 IT 化に向けた法改正は、当事者や訴訟代理人の情報セキュリティに関し合理的水準の確保を要請するものである。弁護士の守秘義務遵守・秘密管理に関しては、事件記録の保管・廃棄の際の注意事項を定めた弁護士職務基本規程 18 条と事務職員等の指導監督義務を定めた同規程 19 条があるが、いずれも情報セキュリティの確保に即した規律としては不十分である。

　そこで、日本弁護士連合会は、令和 4 年 6 月、弁護士の情報セキュリティに関する合理的水準確保に向けた取組の一環として、弁護士・弁護士法人等の会員（以下、本項において「弁護士等」という。）を名宛人とする「弁護士情報セキュリティ規程」（令和 4 年 6 月 10 日会規第 117 号）（以下、この項において単に「本規程」という。）を制定した。本規程は、弁護士等が職務上取り扱う情報の情報セキュリティに関して服するべき、通則的な規範として制定されており（本規程 1 条参照）、弁護士等のセキュリティ対策の大きな枠組みを提示している。

イ　各自の情報セキュリティ対策ルール策定の必要性

　本規程の詳細な内容を説明することは本書籍の趣旨から外れるため、詳細な解説は日弁連『解説　弁護士情報セキュリティ規程』に譲ることとし、本書籍では概括的な内容のみ紹介するにとどめる。

　本規程において、「情報セキュリティ」、「取扱情報」については定義規定が設けられている。「情報セキュリティ」とは、機密性（情報に関して、アクセスを認められた者だけがアクセスできる特性）、完全性（情報が破壊、改ざん又は消去されていない特性）及び可用性（情報へのアクセスを認められた者が、必要時に中断されることなく、情報にアクセスできる特性）の各特性が維持された状態をいう（本規程 2 条 1 項）。「取扱情報」とは、弁護士等がその職務上取り扱う情報（紙、電磁的記録等その保管媒体を問わない。）をいう（同条 2 項）。

　弁護士等は、その職務を行うにあたり、取扱情報の種類、性質等に応じた情報セキュリティに対する危険を把握するよう努めなければならない（本規程 3 条 1 項）。また、弁護士等は、把握した情報セキュリティ上の危険を踏

まえ、所属する法律事務所等の規模及び業務の種類、態様等に応じて、取扱情報の情報セキュリティを確保するための基本的な取扱方法を定めなければならない（本規程3条2項）。「基本的な取扱方法」の策定に際しては、安全管理措置の具体的内容（本規程4条）、情報のライフサイクル管理の方法（本規程5条）、点検及び改善の方法（本規程6条）、漏えい等事故が発生した場合の対応の方法（本規程7条）の各事項に配慮する必要がある（本規程3条3項各号）。

　個々の弁護士あるいは所属事務所ごとの「基本的な取扱方法」の策定は、会規上の義務とされており、策定を怠った状態で実際に漏えい等の事故が発生した場合には不利な事情として斟酌される[5]ため、早急に策定することが重要である[6]。具体的に策定する際には、日弁連から提供されている「基本的な取扱方法」のサンプルが参考となる。

ウ　安全管理措置の運用、情報のライフサイクル管理、点検・改善、漏えい等の事故への対応

　弁護士等は、自らの業務に係る取扱情報に関する情報セキュリティの責任者として、取扱情報の種類・性質等に応じ必要な管理体制を整備し、安全管理措置を講ずる必要がある（本規程4条1項）。

　この安全管理措置は、①組織的（役割分担と責任を明確化し、ルールを整備運営する等の体制整備）、②人的（弁護士等、事務職員等による人的ミスの防止）、③物理的（盗難やのぞき見防止のための区画、仕切り等）、④技術的（業務に使用する情報通信機器の安全性の確保）の各安全管理措置に分類される。②に関して、弁護士等は、事務職員、司法修習生等に対し、情報セキュリティを確保するための必要な対策を講じさせなければならない（本規程4条2項）。弁護士等による守秘義務遵守の基盤たる情報セキュリティを

5）　日本弁護士連合会・弁護士業務における情報セキュリティに関するワーキンググループ編『解説　弁護士情報セキュリティ規程』（2023）Q7・12頁
6）　準備期間は2年程度とされている。附則で「この規程は、成立の日から起算して2年を超えない範囲内において理事会で定める日から施行する。」と定められている（日本弁護士連合会・弁護士業務における情報セキュリティに関するワーキンググループ編『解説　弁護士情報セキュリティ規程』（2023）Q10・13頁）。

確保すべく、法律事務所内全体で対策を講じることが不可欠である。

　弁護士等は、取扱情報の作成、取得、保管、利用、提供、運搬、送信及び廃棄の各段階（情報のライフサイクル）で、情報セキュリティが確保されるよう取扱情報を取り扱わなければならない（本規程 5 条）。弁護士等は、安全管理措置（本規程 4 条、3 条 2 項）及び情報のライフサイクル管理（本規程 5 条）の方法が適切に機能しているかを点検し、必要に応じて改善するよう努めなければならない（本規程 6 条）。弁護士等は、取扱情報の漏えい等の事故が発生した場合には、その影響範囲の把握に努め、必要に応じ、被害の拡大防止、原因調査、再発防止策の検討その他の措置を講じなければならない（本規程 7 条）。

　第 5 条及び第 7 条の規律は、弁護士等のほとんどが個人情報保護法上の個人情報取扱事業者に該当することを踏まえ、同法による個人情報取扱事業者の管理義務等の規律を弁護士等にも及ぼしたものである。本規程と併せて、個人情報保護委員会「個人情報の保護に関する法律についてのガイドライン（通則編）」も別途参照されたい。

エ　生成 AI の利活用と情報セキュリティとの関係について

　本規程は、弁護士等による守秘義務の遵守を実効性あるものとするため、法律事務所内の業務全般における情報セキュリティに関する規律を定めたものであり、守秘義務との関係で問題となり得る情報セキュリティの規律の対象を、法律事務所における生成 AI の利活用の場面に限定したものではない。

　しかしながら、今後、法律事務所における生成 AI の利活用が浸透するに従い、コンピュータ上で行われる業務や作業が飛躍的に増大する可能性があり、それに応じて守秘義務の対象となる情報その他機密性の高い情報の電子データ化が必然的に進むと予測されることから、本規程の遵守は生成 AI の利活用に際し必要不可欠である。

　本規程の一部は、後述する生成 AI 利用ガイドラインの策定とも密接に関連する[7]が、本規程に基づく基本的な取扱方法と生成 AI の利用ガイドラインはそれぞれ別個に策定することが推奨される。

3 弁護士業務と著作権法その他の法令・規則との関係について

(1) 生成 AI による文章の生成と依拠性・著作権法 30 条の 4 該当性

　生成 AI を用いた文章等の生成・利用に際しては、プロンプトに既存の著作物を入力する場合や、生成 AI が生成した結果が既存の著作物と類似するものであった場合など、第 2 章で検討した以下の行為類型のそれぞれに関し、依拠性や著作権法 30 条の 4 該当性などの難しい問題がある。

① 　生成 AI への指示文として既存の著作物を含むプロンプトを入力する行為（ただし、既存の著作物と類似する作品は生成されていない）

② 　生成 AI への指示文として既存の著作物を含まないプロンプトを入力し、その結果、既存の著作物と類似する作品を生成 AI の出力として生成させる行為

③ 　生成 AI への指示文として既存の著作物を含むプロンプトを入力し、その結果、既存の著作物と類似する作品を生成 AI の出力として生成させる行為

　そして、弁護士業務を行うに際し生成 AI を利用する場合においても、第 2 章で検討したことはそのまま当てはまる。したがって、生成 AI 利用時における既存の著作物の一定の利用行為が、類似性・依拠性の各要件を満たす場合は、著作権者による利用許諾を得る（法 63 条 1 項）か、又は当該利用行為が著作権法の定める権利制限規定（法 30 条以下）のいずれかに該当するといった事情がない限り、著作権の侵害となり得る。

　もっとも、弁護士業務の中でも、「裁判手続のために必要と認められる場合」には、「必要と認められる限度において、複製する」ことが許容されている（法 42 条 1 項本文）。

---

7)　例えば、弁護士がパラリーガル・事務職員に業務上必要な情報のリサーチを指示した場合、これらの職員が ChatGPT にクライアントや第三者の個人情報、機密情報その他守秘義務の対象となる情報を入力してしまう等の事例の防止については、本規程 4 条 2 項の人的安全管理措置、同 5 条の情報のライフサイクル管理、同 7 条の漏えい等事故が発生した場合の対応が関連する。

(2)　裁判手続等における複製[8]

〈著作権法 42 条 1 項〉

> **（裁判手続等における複製）**
> **第 42 条**　著作物は、裁判手続のために必要と認められる場合……には、その必要と認められる限度において、複製することができる。ただし、当該著作物の種類及び用途並びにその複製の部数及び態様に照らし著作権者の利益を不当に害することとなる場合は、この限りでない。

ア　著作権法 42 条 1 項本文

　著作権法 42 条は、司法手続を含む国家作用実現の見地から、その公共性に鑑み、複製権を一定限度で制限した規定である。「裁判手続」とは、本来は裁判所（簡易裁判所、家庭裁判所を含む。）における手続をいうが、行政庁が行う審判等（例えば、特許庁における無効審判など）の準司法手続も含まれる（法 40 条 1 項の読替規定参照）。

　「裁判手続のために必要と認められる場合」とは、引用の程度を超えて既存の著作物を掲載する必要がある場合、例えば、裁判所が判決文中や決定文中に掲載する場合、あるいは裁判手続等の当事者・訴訟代理人弁護士が準備書面中に掲載する場合や証拠書類として提出する場合などを指す。裁判手続等が現実に係属している場合だけでなく、裁判手続等を開始するための準備における複製も、その手続のために必要な場合に含まれる。つまり、この規定による著作物の複製が認められる主体には、裁判所・検察庁といった国家機関だけでなく、私人である裁判手続の当事者、代理人弁護士・鑑定人等、手続のために複製を必要とする者が広く含まれる。

　もっとも、「必要と認められる限度」を超える複製は許されない。著作物の一部分のみを必要とする場合において全部を複製することや、必要部数を超えて複製することは許容されていない。

　著作権法 42 条の規定による著作物の複製が許容される場合、同法 47 条の

---

8)　半田正夫・松田政行編『著作権法コンメンタール 2〔第 2 版〕 26 条～88 条』（勁草書房、2015）390～395 頁、加戸守行『著作権法逐条講義〔7 訂新版〕』（公益社団法人著作権情報センター、2021）367 頁

6第1項2号に基づき翻訳することも許容される。同法42条に基づく複製に際しては、著作物の出所を明示しなければならない（法48条1項1号）し、作成した複製物を裁判手続等以外の目的のために頒布し、又は公衆に提示した場合は複製権侵害とみなされる（法49条1項1号）。

イ　著作権法42条1項ただし書

　裁判手続等を目的とする複製であっても、著作権者の利益を不当に害してはならない。ただし書の趣旨は、国家作用実現という公益目的と著作権者の経済的利益とを調和することにある。したがって、著作権法30条の4ただし書の場合と同様、当該著作物の市場における経済的利用と衝突し、著作物の現在又は将来における流通市場に悪影響を与える場合には、裁判手続等を目的とするものであっても複製物を作成できない。

⑶　裁判手続等における生成AIの利用について

　以上によれば、弁護士が、裁判手続等のために必要な限度でプロンプトに既存の著作物を入力する場合や、生成AIが生成した結果を裁判手続等において必要な限度で準備書面中に掲載し、あるいは証拠提出する行為は、仮に当該生成結果が既存の著作物と類似するものであったとしても、通常は著作権を侵害するものではないと考えられる[9]。

　もっとも、裁判手続等において生成AIの生成結果を利用する行為が仮に著作権法上許容されるものであるとしても、裁判手続等において生成AIの生成結果をそのまま準備書面に掲載し、あるいは証拠提出することは、別の問題を生じさせるおそれがある。それは、生成AIが有する幻覚（hallucination）現象や差別・バイアス（bias）といった問題、すなわち、生成AIが生成する内容には、虚偽の内容や差別・バイアスを含む不適切な内容が含まれ得るという問題に由来する。

　弁護士職務基本規程や民事訴訟規則は、以下のとおり、弁護士や訴訟代理

---

[9]　訴訟における主張立証に必要とされる限度を超えた複製、あるいは著作権者の利益を不当に害する複製として、例えば、生成AIの生成結果が既存の著作物全文を含み、それをそっくりそのまま準備書面に掲載し、あるいは証拠提出する場合が想定されるが、そうした事態は極めて稀であって通常は生じない教室事例といってよいであろう。

人に対し、事件処理に際し必要な事実関係及び法令の調査を義務付けている。しかし、かかる調査を生成 AI に丸投げし、ソース（情報源）、エビデンス（根拠）の検証を怠って裁判所等に虚偽又は不適切な内容を含む主張書面や証拠を提出した場合は、これらの規律に違反する非違行為として懲戒処分の対象となるおそれもある。

〈弁護士職務基本規程 37 条〉

> **（法令等の調査）**
> **第 37 条**　弁護士は、事件の処理に当たり、必要な法令の調査を怠ってはならない。
> 2　弁護士は、事件の処理に当たり、必要かつ可能な事実関係の調査を行うように努める。

〈民事訴訟規則 85 条〉

> **（調査の義務）**
> **第 85 条**　当事者は、主張及び立証を尽くすため、あらかじめ、証人その他の証拠について事実関係を詳細に調査しなければならない。

　もちろん、生成 AI の生成結果を外部に提供する以前に内容の確認・検証をすべき場面は、裁判手続等に限られない。弁護士が、業務上、生成 AI が出力した不正確な情報をそのまま顧客に伝えたことにより、当該顧客に損害を与えた場合、当該顧客に対し委任契約上の責任を負う可能性がある。また、事件の相手方や第三者に対し、生成 AI が出力した不正確な情報をそのまま伝えたことにより、当該相手方や第三者に損害を与えた場合、当該相手方や第三者に対し不法行為責任を負う可能性がある。過失の有無は、生成 AI が生成した回答の真偽・正確性を検証するために必要かつ相当な調査義務を尽くしたか否かによって判断されるが、弁護士の事件処理に関する事実及び法令の調査義務は一般的に高度であると考えられるため、生成 AI の生成結果の確認・検証は慎重に行うべきであろう。もとより、弁護士が故意・過失により調査義務に違反し、債務不履行責任・不法行為責任を負う場合、弁護士

職務基本規程 37 条違反として懲戒処分の対象ともなり得ることにも留意すべきである。アメリカの弁護士が民事訴訟において ChatGPT が生成した架空の判例を引用した準備書面を提出し、裁判所から罰金を科された事例（第 1 章コラム（27 頁）参照）を、他山の石として想起されたい。

　裁判手続その他の弁護士業務において生成 AI の生成結果を利用する際には、自らの専門領域に関する情報であれば格別[10]、そうでない場合は、必ず裏を取って正確性を検証することが重要である。ソース（情報源）、エビデンス（根拠）を確認せず、生成された内容を安易にそのまま用いることは大変危険である。

---

4 AI 契約審査サービス・チャットによる法律相談サービスについて

　AI を利用した法律事務に関連するサービスとして、現時点では、AI 契約等作成・審査・管理業務支援サービス（以下「AI 契約書等関連業務サービス」という。）やチャットによる AI 法律相談サービスがある。AI 契約書等関連業務サービスとして有名なものには、Legal Force 社が提供するサービス[11]がある。チャットによる AI 法律相談サービスとしては、Legal AI 社が 2023 年 7 月 21 日に発表したサービス[12]がある。

　AI を利用した法律事務に関連するサービスについては、弁護士法 72 条との関係で議論がなされている。すなわち、AI 契約書等関連業務サービスは同条の「鑑定」、AI 法律相談サービスは同条の「法律事務」に該当する可能性があり、弁護士や弁護士法人でない企業がこれらのサービスを提供することにつき弁護士法 72 条違反の可能性があると指摘された経緯がある。

　この問題については、2022 年 11 月 11 日に開催された内閣府規制改革推進会議・第 2 回スタートアップ・イノベーションワーキング・グループでも

---

10)　もちろん、慢心はご法度である。専門領域であっても、最新の法令・裁判例などを継続的に習得するなどの精進が必要である。
11)　「AI 契約審査プラットフォーム」（https://www.legalforce-cloud.com）
12)　2023 年 7 月 20 日・日本経済新聞

議論された。法務省は、こうしたリーガルテックと弁護士法 72 条との関係についての予測可能性を高めるため、2023 年 8 月 1 日、「AI 等を用いた契約書等関連業務支援サービスの提供と弁護士法第 72 条との関係について」（以下「指針」という。）[13]を公表し、サービスの提供が「報酬を得る目的」、「訴訟事件……その他一般の法律事件」、「鑑定……その他の法律事務」の各要件に該当する例と該当しない例をそれぞれ示した。

　指針によれば、グループ会社間の契約書や継続的取引に係る契約書など、取引当事者間において紛争性のない契約書等についてサービスを提供することや、定型的な内容の入力に従い特定の契約書のひな形が選別・表示されるサービスを提供すること等は適法とされている。これに対し、紛争発生後における裁判外での和解契約について契約書等の作成を支援するサービスや、個別具体的な案件の詳細を法的に処理して契約書等を作成するサービスは違法となる可能性があるとされた。

　弁護士や弁護士法人が、自身の法律事務の補助ツールとしてこれらのサービスを利用すること自体には、何ら法的な問題はない（指針 6 頁）。もっとも、AI が生成した結果は、必ずしも、個別具体的な事例やその文脈に即したものではない。そのため、既に繰り返し注意喚起したように、こうしたサービスの生成結果は、必ず弁護士自身がその真偽を確認・検証した上で、クライアントその他の外部に提示すべきである。

5 生成 AI 開発元やサービス提供元の利用規約・プライバシーポリシーを確認すべきこと

　これまで、弁護士業務において生成 AI を利活用する際に発生し得る守秘義務違反、著作権侵害、事実・法令の調査義務違反などのリスクや法令・規則上の問題点を説明してきた。

　業務利用に伴うこれらのリスクや法令・規則上の問題点は、生成 AI の開発元やサービス提供元からの開示情報からも予測することが可能である。

---

13)　https://www.moj.go.jp/content/001400675.pdf

例えば、ChatGPT のサービスを提供する OpenAI の利用規約（Terms of use）3 条（C）は、API コンテンツは生成 AI モデルの学習・サービスの改善のために利用しないが、非 API コンテンツはこれらの目的に利用する可能性を示唆している。もっとも、非 API コンテンツも、ユーザーがモデルの学習・サービスの改善に利用されることを望まない場合はオプトアウトできるとしている[14]。同規約 3 条（a）は、ユーザーが利用規約を遵守する限りにおいて、生成されたコンテンツを商用・私用問わず自由に利用（販売・出版など）できる旨規定している。

　また、OpenAI のプライバシーポリシー（Privacy Policy）1 条は、ユーザーが入力した情報、アップロードしたファイル、フィードバックに含まれる個人情報を収集する旨規定している。

　このように、生成 AI 開発元や生成 AI サービス提供元の各企業がそれぞれ独自に規定している利用規約やプライバシーポリシーの内容をよく読んで理解することは、ユーザーに与えられた権限とリスクの洗い出しをする上で不可欠であろう。弁護士は、生成 AI の種類ごとに定められた利用規約等の開示情報を正確に理解し、解釈する能力を有しているのであるから、業務において生成 AI を利活用するに際しては、必ず事前に確認することが必須である。

6　生成 AI 利用ガイドライン策定の重要性

⑴　ユーザー個人のリテラシー依存からの脱却の必要性

　生成 AI は、上手に活用すれば法律事務所における業務の生産性・効率性を増大させる可能性がある一方で、偽情報や差別・バイアスを含む情報の生成、著作権侵害、個人情報・機密情報の漏えいの危険性といったリスクも指摘されている。

　そのようなリスクのために、生成 AI サービスの利用を一律に禁止するこ

---

14)　ChatGPT の「training」を off にすることによっても同様の目的を達成し得るであろう。

とは、現時点では一つの見識といえるだろう。しかし、今後の生成 AI の技術発展に伴い、法律事務所においてもますます生成 AI の利活用が進むと予想される中で、将来にわたっても一律に禁止することはおよそ現実的ではないだろう。

　政府・地方自治体や民間企業においても、生成 AI を業務に利活用しようとする試みが次々と現れている。にもかかわらず、そうした顧問先を抱える法律事務所がそのリスク故に生成 AI の利活用の一切を拒否し続けることも相当とはいえないであろう。

　もっとも、法律事務所の業務における生成 AI の利活用が、所員各人の生成 AI リテラシーに完全に依存してしまうことは、有効な利用と安全な利用の両面において、マイナスの影響を持つ。この点、民間企業などでは、生成 AI 利用の社内ガイドラインを策定することで、安全かつ有効な利活用の実現を図っている[15]。また、神戸市も、2023 年 5 月、生成 AI に関するルールを追記した条例を可決・施行し、安全面に配慮しながら積極的に活用し、業務の効率化を目指すとしている[16]。政府・地方自治体、民間企業の経営陣が、生成 AI の活用方針をガイドライン等の形式で示していく、という傾向は今後ますます強まると思われる。

　法律事務所に所属する個々の弁護士や事務職員が、個別のリテラシーに依存することなく、安全に生成 AI の利活用を進めるためには、法律事務所版生成 AI 利用ガイドラインを策定することが推奨される。

---

15)　例えば、生成 AI の積極的な利活用を推進する MIXI は、生成 AI 利用に関する会社としての指針を求める従業員の声を受け、先駆的に従業員向けのガイドラインを定めたという。同ガイドラインは、従業員らが生成 AI に入力してよい社内情報の種類を具体的に例示する（「個人情報や発表前の決算情報は NG。社外秘でも契約書や組織図、開発中のアプリケーションに関する情報なら OK。」など）とともに、業務目的で生成 AI を利用する場合には法務部門と知的財産部門に必ず事前相談するよう義務付けているとされる（2023 年 5 月 9 日・日本経済新聞）。

16)　「神戸市情報通信技術を活用した行政の推進等に関する条例」参照。文書の要約・翻訳、議事録や草案の作成などの利用を想定しているという。また、利用時の留意事項をガイドラインの形でまとめ、遵守を徹底するとしている。情報漏えいや著作権侵害への懸念から、氏名・病歴等の個人情報、市の非公開情報などの機密の入力は当面禁止するとされる（2023 年 5 月 25 日・日本経済新聞）。

⑵　JDLA「生成 AI の利用ガイドライン」[17]

　法律事務所版生成 AI 利用ガイドラインを策定するに際しては、一般社団法人日本ディープラーニング協会（JDLA）が 2023 年 5 月 1 日に発表した「生成 AI の利用ガイドライン」（第 1 版）（以下「JDLA ガイドライン」という。）が大変参考になる。JDLA によれば、セキュリティや著作権といった押さえるべきポイントを盛り込み、生成 AI の導入を検討する企業や団体が内部でのルールを定める際の参考にしてもらうために策定・発表したとのことである[18]。

　ガイドライン策定に当たっては、既に説明した生成 AI のリスク（偽情報や差別・バイアスを含む情報の生成、著作権侵害、個人情報・機密情報の漏えいの危険性など）とそれぞれのリスクに関連した法令・規則等を正確に理解しておく必要があるほか、生成 AI 開発元や生成 AI サービス提供元の各企業が制定した利用規約やプライバシーポリシーの内容をきちんと理解して、あらかじめリスクを洗い出しておくことが重要である。

　既に説明した生成 AI のリスク、それらに関連した法令・規則、生成 AI サービス提供者からの開示情報の内容を踏まえた上、JDLA ガイドラインを参考にしつつ、個々の法律事務所の実情に合わせた生成 AI ガイドラインを策定するとよい。

　本章の最後に、JDLA ガイドラインを参考に作成した法律事務所版・生成 AI 利用ガイドラインの詳細なひな型を掲載した。実際には、もっと簡潔なものでもよいと思う。各法律事務所で利活用している、あるいは利活用の予定がある生成 AI サービスの種類や各法律事務所の実情に応じ、このひな型を適宜アレンジしてガイドライン策定のため、適宜活用いただければ幸甚である。

17）　https://www.jdla.org/document/#ai-guideline
18）　2023 年 5 月 2 日・日本経済新聞

〈法律事務所版・生成 AI 利用ガイドラインひな型〉

○○法律事務所　生成 AI 利用ガイドライン

令和○年○月○日

○○法律事務所　代表パートナー

弁護士　　○　○　○　○

1．目的と対象者

　本ガイドラインは、パートナー弁護士、勤務弁護士及び事務職員を含む当事務所のすべての職員を対象として、当事務所の業務で生成 AI サービスを利用する際に注意すべき事項を解説したものです。

2．本ガイドラインが対象とする生成 AI

　本ガイドラインでは、直接には ChatGPT のみを対象としていますが、Bard その他の生成 AI についても、基本的には同様の注意事項が当てはまります。ChatGPT 以外の生成 AI サービスの利用を希望する場合には、あらかじめ代表パートナー○○に問い合わせてください。

3．生成 AI の原理

　生成 AI（正確には、大規模言語モデル）は、ユーザーによって入力された文章や既に出力された文章を文脈として、その次に続く単語として自然なものの候補から、最も確率の高い、あるいは相対的に確率の高い単語を次々と出力するという方法で、文章を生成しています。

　生成 AI は、大量の言語データを統計的に解析することで、そこから単語間の意味の関連性、言葉の用いられ方のパターンを認識し、言語の構造を学習しているため、人間が書いた文章と一見して見分けが付かないような自然でもっともらしい文章を生成します。

4．生成 AI の特性

　3 で述べたような生成 AI の確率的・統計的な性質から、生成 AI は、虚偽の情報を生成してしまうことがあります。

　また、生成 AI は、学習したデータの中に含まれる言語の用いられ方の特徴を反映して、差別・偏見・バイアスを含む文章を生成してしまうことがあります。

　さらに、生成 AI が学習した大量のデータの中に、第三者の著作物が含まれている場合、その著作物と表現が似ている文章を生成してしまうことがあ

ります。

　このような生成 AI の原理をきちんと理解した上で、生成 AI を用いることが、安全な利活用の上で重要となります。

5．生成 AI のリスクと注意事項の遵守

　生成 AI は、上手に活用すれば法律事務所における業務の生産性・効率性を大きく向上させる可能性がある一方で、偽情報や差別・バイアスを含む情報の作成、著作権侵害、個人情報・機密情報の漏えいの危険性といったリスクも指摘されています。

　生成 AI のリスクを理解して安全に利活用するために、本ガイドラインの注意事項をよく理解し、必ず守るようにしてください。

　パートナー弁護士及び勤務弁護士は、本ガイドラインを遵守する限り、自己の判断において生成 AI を業務上利用しても構いません。これに対し、事務職員は、生成 AI を業務上利用しようとする際は、あらかじめパートナー弁護士（事務所事件の場合）又は勤務弁護士（個人事件の場合）の許可を得てから利用するよう徹底してください。

6．全般的な注意事項

⑴　守秘義務の対象となる情報を漏えいさせないよう、生成 AI の利用は、適切な情報セキュリティ対策の環境下でのみ行うこと。

⑵　生成 AI の生成結果に対しては、情報の重要度に応じた正確性の確認・検討を行うこと。

⑶　生成 AI の生成結果が、差別・偏見・バイアスを含む可能性があることに留意し、倫理上の問題にも配慮すること。

⑷　生成 AI は、補助ツールとして利活用することを主眼とし、重要な判断と意思決定の基盤とはしないこと。

⑸　生成 AI による情報の生成・外部への提示は慎重に行うこと。

7．本ガイドラインの構成

　生成 AI は、いずれのサービスも基本的に、「ユーザーが何らかの文章・データを指示文（これを「プロンプト」といいます。）として入力すると、モデルがコンピュータ処理を行い、入力内容に応じた生成結果が得られる」という構造になっています。

　そのため、本ガイドラインは以下の 2 つのパートから構成されています。

⑴　生成 AI への文章・データの入力に際して注意すべき事項

(2) 生成 AI の生成結果を利用するに際して注意すべき事項

8. データ入力に際して注意すべき事項

　生成 AI に入力する文章・データには多種多様なものが含まれますが、守秘義務の遵守、個人情報・機密情報の漏えい防止、著作権侵害の防止といった観点から、以下の類型のデータを入力する場合には、特に注意が必要となります。

(1) 第三者の著作物を含む文章・データ

　　プロンプトとして第三者の著作物を含む文章・データを入力することは、当該著作物の複製に当たりますので、著作権者による利用許諾があるか、又は著作権の権利制限規定に該当しない限り、原則として著作権侵害となります。

　　第三者の著作物を含む文章・データをそのまま入力することは現時点では控えましょう。

　　ただし、訴訟手続（特許庁の無効審判など、行政庁における準司法手続も含みます。）及びその準備のために、プロンプトとして第三者の著作物を含む文章・データを入力する必要がある場合には、その必要とされる限度において、入力することが著作権法上認められます（著作権法42条1項本文）。著作物の一部分のみ必要とする場合において全部を複製することは認められませんので、注意してください。この規定によって著作物をプロンプトとして入力することが許される場合は、翻訳することも許されます（同法47条の6第1項2号）。ただし、プロンプトの内容を当事務所の外部の第三者に見せるなどした場合は、目的外利用として著作権侵害となります（同法49条1項1号）ので、この点にも注意してください。

(2) 個人情報を含む文章・データ

　　無償版の ChatGPT においては、その利用規約上、入力したデータが OpenAI 社の生成 AI モデルの学習に利用されることとされています。そのため、ChatGPT に個人情報（クライアント、事件の相手方その他の第三者の氏名・住所その他）を入力する場合、当該個人情報により特定される本人の同意を取得する必要があります。

　　事件の相手方その他の第三者からそのような同意を取得できることは通常ありませんので、そのような個人情報を入力することは絶対に控えてください。

クライアントからはそのような同意を取得できる可能性もありますが、事件処理のために必要と言われて渋々同意するという場合も多々想定されますし、そもそも ChatGPT にそのような個人情報を入力する必要性は一般的にないと考えられますので、仮にクライアントの同意が取得できる場合であっても個人情報を入力することは絶対に控えてください。

(3) 弁護士が職務を行う過程で知り得た秘密を含む文章・データ

外部事業者である OpenAI 社が提供する ChatGPT に、クライアント・事件の相手方、第三者の機密情報など、弁護士がその職務を行う過程で知り得た秘密を含む文章を入力することは、受任している事件と直接関係するか否かを問わず、守秘義務違反として懲戒処分の対象となるおそれがあります（弁護士法 23 条、弁護士職務基本規程 23 条、同 56 条【弁護士法人の場合は同 62 条】）。このようなことは絶対にやめてください。

9. 生成結果を利用するに際して注意すべき事項

(1) 生成結果の内容に虚偽の情報、差別・バイアスを含む情報が含まれている可能性があります。

4 で述べたように、生成 AI は、虚偽の情報、差別・バイアスを含む情報を生成してしまう可能性があります。

弁護士は、事件処理に際し、必要な事実関係及び法令の調査を義務付けられています（弁護士職務基本規程 37 条、民事訴訟規則 85 条など）。このような調査を生成 AI に丸投げし、裁判所等に虚偽又は不適切な内容を含む主張書面や証拠を提出した場合は、裁判所等のみならずクライアントの信頼を失うおそれがあるほか、非違行為として懲戒処分の対象となるおそれもあります。

なお、OpenAI 社は、資格者が生成結果をレビューしないまま特定の法的助言を提供することを利用規約において禁止しており、当然に弁護士にも適用されますので、上記のような行為は利用規約違反ともなります。

生成 AI の限界を知った上で、生成結果の内容を妄信せず、必ず根拠や裏付けを自ら調査・検証するようにしてください。Bing などの検索ツールを利用することも一つの方法ですが、それに限らず、できる限り一次資料に当たって調査・検証してください。

(2) 生成物を利用する行為が第三者の著作権を侵害する可能性があります。

生成 AI の生成結果が、第三者の著作物と同一・類似している場合は、当該生成結果を利用する行為が著作権侵害に該当する可能性があります。特に、生成結果を外部に公開する場合には、当該生成結果が第三者の著作物と類似しないかを事前に調査するようにしてください。

(3)　生成 AI が生成した虚偽の個人情報を利用した場合、名誉毀損となる可能性があります。

ChatGPT などの生成 AI は、個人に関する虚偽の情報を生成する可能性があることが知られています。虚偽の個人情報を生成して利用・提供する行為は、個人情報の保護に関する法律（19 条、20 条）違反や、名誉毀損・信用毀損に該当する可能性があります。裁判手続の中で、公開法廷で虚偽の個人情報を含む主張書面を陳述し、あるいは証拠の申出をする行為も、場合によっては名誉毀損等に該当します。

個人に関する情報が生成された場合は、外部に公開する前に必ず内容の真偽を確認してください。

(4)　生成 AI の生成結果を利用する場合のその他の注意点

弁護士が受任した事件において、生成 AI の生成結果をクライアントに提供する行為それ自体は、OpenAI 社の利用規約上は許されています。

もっとも、生成 AI の生成結果を個人のクライアントに提供する場合は、生成 AI が使用されていることやその潜在的な限界に関する情報も併せて提供するようにしてください。

10.　その他、生成 AI の利用が禁止される業務・用途と禁止される具体的行為

当事務所では、以下の業務・用途での生成 AI の利用を禁止します。

(1)　……

(2)　……

法律事務所において生成 AI を利活用する際の一般的な技法

❶ 生成 AI の特性と限界を理解して安全かつ有効に利活用しよう

　生成 AI や大規模言語モデルの汎用的な能力と高い性能が業務の生産性を向上させると言われれば、我々弁護士としても日常業務において積極的に利活用したいと考えることはもっともなことであろう。

　しかしながら、現在の生成 AI は、漠然とこれをやってほしいという指示をしても、所望の応答を直ちに生成してくれるわけではない。執筆時点での技術水準において、人間が意図した結果を生成 AI に生成させるには、人間が生成 AI に対しなるべく意図した結果に近い応答が得られるよう、指示の内容や構成を工夫する必要がある。本章では、まずそのための一般的な技法について説明する。

　次に、仮にそのような一般的な技法を獲得したとしても、現在典型的な弁護士が行っている訴訟活動及びそれに付随して必要となる準備書面の作成、証拠の収集といったタスクを、生成 AI に指示して完璧に行わせることは不可能である。弁護士が行っている訴訟活動その他の弁護士業務はどのような特性を持っているか、なぜ生成 AI にそれらのタスクを完璧に行わせることが不可能なのか、といったことについて、大規模言語モデルの技術的原理ないし特性を踏まえて説明する。

　もっとも、生成 AI の特性と限界を正しく理解しさえすれば、弁護士の日常業務のあらゆる側面で有効に活用することが可能である。複雑困難な問題そのものを生成 AI に任せることはできなくても、生成 AI を通じて自身の頭の整理をし、新たな着想を得ることもできる。

つまり、自身が意図する内容に近い新たな回答を生成 AI から得ようとすれば、生成 AI への指示内容や構成を工夫する必要があるが、このように指示内容や構成を言語化していく過程で、指示する人間が頭の中で漠然と考えていたアイデア・着想や問題点が自然言語という形で明確になる。このように生成 AI にタスクを指示すること自体が自身の頭の整理にもなるし、生成 AI から得た回答により新たなアイデア・着想や問題点が発見されることもある。

　生成 AI は、これまで単純作業に要していた時間を短縮して効率化するという側面が強調される向きもあるが、専門職にとっての生成 AI は、自身のアイデア・着想やその問題点などを整理し、生成 AI との対話を通じて新たなアイデア・着想や問題点を得るきっかけを作るという側面がより強調されるべきであろう。後者の方が、専門職にとっての生成 AI の本来的な利活用術であると考えている。

2　プロンプト・エンジニアリング（prompt engineering）

(1)　プロンプト・エンジニアリングとは何か？

　プロンプトとは、生成 AI に与える指示文である。言語モデルは、与えられた文脈に基づいて文章の続きを生成するものであるが、指示文は生成 AI に文脈を与えるものと理解してよい。プロンプト（指示文）を工夫することで、目的となるタスクにより即した出力文が生成されることが知られている。

　プロンプト・エンジニアリングとは、生成 AI に実行させたいタスクについて、ユーザーが意図する出力を生成することを目的として、大規模言語モデルへの命令・指示文（プロンプト）を開発・最適化することをいう。プロンプトの入力という形で適切な質問や指示等を与えることで、大規模言語モデルのパフォーマンスを最大限に引き出すなど、生成 AI を効果的・効率的に使用するための実践的な方法を考案・検証する手法である。

　以下では、対話型言語系生成 AI の一種である ChatGPT に即して説明する[1)]。

⑵　プロンプトを通じて ChatGPT に指示できるタスクの種類

　弁護士を含む多くの職業では、問題解決・意思決定を行うことが究極的なタスクとなる。その際の一般的な思考プロセスは、問題の定義・目標や課題の設定→関連する情報・データの収集→収集した情報・データの分析・統合→分析・統合した情報に基づく仮説・解決策の構築→構築された仮説・解決策の評価・選択→選択した解決策の実行・新たな洞察とフィードバックの順序を伴う。これらのタスクすべてを生成 AI に行わせることは、少なくとも現時点では不可能である。しかし、以上のように分解したタスクの全部又は一部を生成 AI に担わせることは、現時点でも可能である。

　ChatGPT は、汎用性のある大規模言語モデルをベースとしているため、自然言語処理におけるあらゆるタスクを指示することが可能である。以下に挙げたタスクは、ChatGPT に指示できる基本的なタスクである。

　以下に挙げたタスク以外にも様々なタスクが考えられるし、各タスクの組合せにより、さらなる複雑な新しいタスクにも対応できる。

〈ChatGPT に指示できる各種のタスク〉

	タスクの種類	タスクの定義
①	文書の要約・翻訳、編集	法令、判決書、行政庁の審判書、国・地方公共団体の通達などの文書[2]を要約・翻訳する。要約は与えられた文書の要旨を短くまとめるタスクである。 　例えば、判決書から内容を端的に示す見出しを生成することも含まれる。翻訳はある言語の文章を別の言語に翻訳するタスクである。編集は文章の修正や編纂を指す。
②	文書からの情報抽出	法令、判決書、行政庁の審判書、国・地方公共団体の通達などの文書から、特定の事実・概念や特定の事実から生じた結果、特定の概念に関連する情報を抽出する。

---

1)　OpenAI. "GPT best practices". (https://platform.openai.com/docs/guides/gpt-best-practices)
2)　書籍、論文、文献、雑誌、新聞記事などの文書をプロンプトとして入力することも、技術的には可能である。もっとも、生成 AI への指示文として既存の著作物を含むプロンプトを入力する行為について、著作権法 30 条の 4 の適用を否定する解釈も考えられ（第2 章 2 (4) イ参照）、その場合は著作権法上の問題が生ずる。そこで、例示列挙する文書を、著作権法 13 条の権利の目的とならない著作物に限定した。

		例えば、法令から特定の概念の定義、要件・効果、その他関連情報を抽出するタスクが含まれる。また、事実と意見が混在している文書から、事実のみを抽出し、時系列に並び替えるなどのタスクもある。
③	文書の分類	法令、判決書、行政庁の審判書、国・地方公共団体の通達などの文書をあらかじめ決められたカテゴリやトピックに分類する。感情分析や重要度分析なども文書の分類に含まれる。 感情分析では、文書から作成者の感情や意見などを分類する。重要度分析では、文書の重要度・優先度を評価して分類する。
④	質問応答	自然言語で与えられる特定の質問に対し、人間が書いたものと見紛うほどの自然な文章を生成し、応答する。情報検索とは異なり、複雑な問合せに対応することやピンポイントな回答を行うことが重要である。 質問に対する応答を行う際には、モデルに対して具体的な指示や背景情報、文脈を与えることが必要となる。
⑤	対話	人間とコンピュータとの間で会話をする。会話の目的・意図、モデルが果たす役割、会話の文脈、模範的な応答例などを示すことが重要である。 モデルは特定の領域の専門家や教師、編集者などの役割を持ち、それに応じて会話を行う。対話システムはユーザーと自然なコミュニケーションを実現するために重要な技術である。
⑥	推論	算術推論、一般常識推論、記号推論、仮説的推論などの問題を解く。大規模言語モデルは一般的にこうした推論問題を解くのが苦手であるが、模範例（質問―答え）を与える、問題を中間ステップに分解するなどの工夫によって、一定レベルの問題を解くことができることが知られている。 推論は、人間にとっての一般常識や論理的な思考（帰納的思考、演繹的思考、仮説的思考）を必要とするため、言語モデルのさらなる技術発展が求められている。
⑦	コード生成	様々なプログラミング言語のコードを生成する。プログラムの自動生成は、特に複雑なタスクや繰り返しの多い作業において効果的である。 例えば、自動コード補完、プログラム修正の提案、新しいコードの生成などが挙げられる。コード生成においては、意図した動作を正確に表現し、エラーやバグを最小限に抑えることが重要である。

⑶　プロンプトの基本的なテクニック

ア　生成 AI の基本原理に即したプロンプトの重要性

　生成 AI の基本的原理は、入力した単語列（とこれまでに出力された単語列）に依存して、その後に続く単語ないし単語列を生成するというものである。このことは、以下のプロンプトと ChatGPT が生成した回答から容易に分かる。

　プロンプトとして、指示・命令や質問のような情報、文脈、模範例（質問一答えのセットなど）などを入力すると、生成 AI は、それらの入力された情報等の内容に応じて、自然なもっともらしい回答を生成する。

Prompt:

　弁護士は、

 法的な問題や紛争の解決を専門とする法律の専門家です。…（略）…

　弁護士は、さまざまな分野の法律に精通しており、個人や企業が直面する様々な法的問題に対応します。…（略）…

　弁護士の仕事は、クライアントとの面談や調査を通じて、具体的な問題や目標を理解し、最適な法的戦略を策定します。また、訴訟や交渉の際にはクライアントを代理して法廷や交渉の場に出席し、法的手続きや文書作成を行います。

　弁護士は法律の専門家としての倫理規定に従い、クライアントの情報を守秘し、公正かつ誠実に行動します。…（略）…

　弁護士には、司法試験に合格し、法曹団体に登録することが求められます。…（略）…

Prompt:

　弁護士は、毎日、

 さまざまな業務をこなします。具体的な業務内容は、弁護士の専門分野や所属する法律事務所の規模によって異なりますが、一般的な

業務の一例を挙げると以下のようなものがあります。

1. クライアントとの面談や相談：…（略）…
2. 法的調査と研究：…（略）…
3. 書類作成と文書整理：…（略）…
4. 訴訟および交渉の代理：…（略）…
5. 法的アドバイスの提供：…（略）…
6. 専門的な研修や教育：…（略）…

イ　優れたプロンプトの構成要素

　先に述べた生成 AI の基本的原理に鑑みれば、入力された情報が不足している場合や、不正確な情報や相互に矛盾する情報が入力された場合などにおいて、生成 AI が所望の回答を生成できないことは当然のことである。

　生成される回答のクオリティは、プロンプトに与える情報の豊富さ・明解さ、与える情報の順番・一貫性、文法・語彙の正確さなど、多くの要素に依存している。つまり、プロンプトをいかに巧妙に作り込むかによって、生成される回答の質・量は大きく影響される。

〈優れたプロンプトの構成要素〉[3]

	構成要素	意味
①	指示 (instruction)	ユーザーがモデルに実行させたい特定のタスクの指示又は命令を指す。指示の内容は、テキストの要約・翻訳・編集、文書からの情報抽出、質問応答、テキスト生成、テキスト分類、ロールプレイ、推論（論理的な議論など）、コード生成など様々である。
②	文脈 (context)	ユーザーの意図に即したより良い応答をモデルに生成させるため、ユーザーがモデルに対し与える固有の情報や背景知識を指す。
③	入力データ (input data)	ユーザーが関心を持ち、モデルに対し応答を生成させたい情報や質問を指す。

---

3) Prompt Engineering Guide (https://www.promptingguide.ai) を基に筆者作成。

④	出力のタイプ・フォーマット (output indicator)	ユーザーが希望するモデルの出力のフォーマットを指す。例えば、「箇条書きで出力してください」、「表形式で出力してください」、「Q & A方式で出力してください」、「チェックリストを作成してください」等のフォーマットの指定である。

ウ　より意図に即した良質な回答を生成させるためのポイント

　一般論として、プロンプトは、生成AIに実行させたいタスクの目的・意図と指示内容を具体的かつ詳細に記述すると、その程度に応じて、ユーザーが目的とするタスクとユーザーの意図に即した回答が生成される確率が高まる。

　より意図に沿う応答を得るためには、モデルに実行してほしいタスクや指示を、詳細で具体的に説明すること（例えば、どのような立場の者が、誰に対して、どのような概念を、どの程度の文字数又は単語数で説明すべきか、といったことを指示すること）が必要であり、タスクや指示を行うための良いフォーマットを準備すべきである。

　与えたタスクに対する回答の一例をプロンプトの中で示すことは、意図した回答に近い回答を生成する確率を高める。また、末尾に「ヒント：」などとして、ChatGPTが回答を生成するに際し参照すべき単語・文章、あるいは参照してほしい単語・文章を与えることも、生成される回答の質を向上させるのに有効である。例えば、文書要約タスクを指示した場合、要約文書に必ず入れて欲しい単語、着目してほしい単語などを入力しておくと、ChatGPTはその指示に従って要約文書を生成してくれる。「何々をしてはいけない」という指示をすべきでなく、「何をすべきである」という形で指示をすることも重要である。

　特定のタスクに応じて特化した、より具体的なキーワード、文脈、データ、模範例（質問─応答のセットなど）、考え方のすじ道などをプロンプトとして入力するよう工夫して、よりユーザーの意図に沿った応答が生成されるよう反復的に試行錯誤するとよい。

　もっとも、詳細で具体的とはいっても、一般にはプロセスが長すぎる複雑かつ困難なタスクや指示に対して的確で意図に沿った応答を生成することは

不可能である。複雑かつ困難なタスクは、できる限り単純なタスクにステップ分解した上で、プロンプトに与えてやるとよい。

　以上のように、「入力・出力に関する制約条件を詳細かつ具体的に指定すること」、「しかしあまりに複雑かつ困難なタスクについては、できる限り単純なタスクにステップ分解してから指示すること」、「模範例やヒントを示すこと」といったタスクと指示の与え方は、まさに有能な上司のそれに他ならない。

〈良質な回答を生成させるためのポイント〉

	構成要素	良質なプロンプトのポイント
①	指示 (instruction)	・**長さ**：なるべく簡潔で要領を得た指示をする。プロンプトの長さは、長すぎても短すぎても良くない。ChatGPT は、あまりに複雑で長すぎるプロンプトをうまく処理できない。context window の制限もある。場合によってはプロンプトを分割すべきである。もっとも、最適な長さは、トピックの内容やタスクの内容に依存する。目的とするタスクにとって無関係の情報が入るとアルゴリズムの混乱の元となるため、これも避けるべきである。 ・**一義的で明解な指示**：解釈の余地が大きい曖昧な指示を避け、なるべく一義的で明解な指示をする。ChatGPT の役割を明確にし、字数・行数制限などの制約条件も言葉や数字で明確に指示をするとよい。 ・**「〜してください。」という指示**：「〜をしてはいけない」（Do not 〜）ではなく、「〜してください。」（Do 〜）と指示する。
②	文脈 (context)	・**目的・トピック**：何の話題・議題について指示・議論等を行うかを明確にすべきである。専門的な話題のときは、ドメイン知識やドメイン特有のキーワード・フレーズを適宜組み入れると、ChatGPT がその文脈に特化した応答を生成してくれる。 ・**関連事情・背景事情・特殊性**：プロンプトに関連事情や背景事情を豊富に盛り込むと、ChatGPT が指示・質問の意図を汲んだ応答を生成してくれる。特有の事情や手掛かりとなる情報（具体例など）を盛り込むことも有益である。 ・**順序・時系列・一貫性**：指示・質問の順序や時系列を

		考慮すると、ChatGPT が指示・質問の意図を汲んだ応答を生成してくれる。前後矛盾したプロンプトを入力すると、アルゴリズムの混乱を来し、正確な応答は生成されない。なお、前のプロンプトと重複したプロンプトを入力すると、アルゴリズムが混乱することもあるので、注意が必要である。
③	入力データ (input data)	・**正確な文法・語彙**：正確な文法と語彙を入力する。文章の文法や漢字の誤変換・スペルミスがあると正確な応答の生成を妨げる。 ・**トーンとスタイル**[4]：業務上のタスクに関して ChatGPT と対話を行う際には、フォーマルな文章を入力する。対話のトーンやスタイルが ChatGPT の応答に影響する。 ・**表現**：特殊な専門用語・業界用語、俗語は入力しない。ChatGPT は、このような用語を正確に処理してくれないこともある。
④	出力のタイプ・フォーマット (output indicator)	・**指示・命令とコンテキストとの分離**：プロンプトの先頭に指示を配置し、「###」又は「"」などを使用して、指示・命令とコンテキストを分離する。 ・**回答する際の条件の提示**：字数・行数制限などを設けても良い。 ・**フォーマットの例示**：応答の出力形式について「表形式で出力してください」、「Q&A の形で」、「チェックリストの形式で」、「フローチャートの形式で」などフォーマットを具体的に指定する。

エ　タスクに即したプロンプトの具体例

	タスクの種類	
①	文書の要約・翻訳、編集	・「以下の判例を5つのセンテンスに要約した上で、英語に翻訳してください。」 ・「以下の契約書をその条項ごとに要約し、その内容を表形式で出力してください。」 ・「この判例の法律判断の部分を、クライアントに理解でき

---

4)　スタイルは、フォーマル（インフォーマル）スタイル、法律家（エンジニア、クリエーター、芸能人、アニメキャラクター etc.）風といった、メッセージの伝え方の様式を指す。トーンは、ユーモラス、自信ありげ、穏やか、皮肉のこもった、断固とした、同情的といった、メッセージの背後の感情や態度の伝え方の様式を指す。

		るように、もっと簡潔な表現に書き換えてください。」[5]
②	文書からの情報抽出	・「以下のシナリオの文章から事実と意見をそれぞれ抽出し、事実については時系列で並び替えてください。」 ・「この契約書から、甲が負う義務の内容、条件・期限を抽出してリスト化してください。」 ・「以下の相手方の議論の中に、論理的な誤りがあれば指摘してください。」
③	文書の分類	・「以下の取扱事件を、民事事件、刑事事件、会社事件に分類してください。」 ・「クライアントからのメールを、問題の緊急性の程度に応じて、優先順位を高、中、低に分類してください。」 ・「以下の議論の根拠を、原告側に有利な根拠と、被告側に有利な根拠に分類してください。」
④	質問応答	・「あなたは、大規模言語モデルについて世界をリードする専門家です。大規模言語モデルの基本的な原理を弁護士などの法律家にも理解できるように教えてください。」 ・「あなたは、偉大な法律学の教授です。刑事訴訟における伝聞証拠は、どのような理由によって原則として証拠排除されるのですか？高校生にも理解できるように教えてください。」 ・「あなたは、有能な弁護士です。訴訟実務において、信義則や権利濫用は、どのような場面や文脈において使用されていますか？」
⑤	対話	・「今挙げてもらったいくつかのポイントのうち○○について、もっと詳しく教えてください（具体的な理由を挙げてください、具体例を挙げてください…etc.)。」 ・「先ほど私が挙げた論拠に対し、反対の立場から反論してください。」 ・「今あなたが挙げた○○という視点に基づいて、さらに新しいアイデアを3つ提案してください。」
⑥	推論	・「今のあなたの回答が正しいことを支える根拠について推論してください。」 ・「Aという事実とBという証拠から、直ちにCという結論を導くことができるでしょうか？」

---

5) 生成 AI が出力した回答に第三者の著作物が含まれ得ることから、言い回しや語彙の変更は、著作権侵害を可及的に防止する方法としても有用である。

		・「民法○条は、○○と規定しています。○○という事例において、AはBに対し、○○を請求できますか？　そのような結論とした理由も併せて述べてください。」
⑦	コード生成	・「以下のサンプルデータから、Python の Matplotlib というライブラリーを使用して散布図とグラフを描画してください。」 ・「以下のサンプルデータから、Python を使って、回帰直線を描画してください。」 ・「中世ヨーロッパのお城で流れるようなオーケストラの音楽を、Python を使って作ってください。」

オ　zero-shot プロンプト、few-shot プロンプト

　大規模言語モデルは、zero-shot プロンプト、few-shot プロンプトにより、追加学習データなくして（zero-shot）、あるいはごく少数の学習データによって（few-shot）、新しいタスクにも対応できるようになる。

① タスクの説明によるプロンプト（zero-shot）

　　〈例〉

　　　Prompt：

　　　過失責任が問題となる訴訟において、|input| の主張を構成するために必要な要素を説明してください。

Prompt:

過失責任が問題となる訴訟において、「過失責任」の主張を構成するために必要な要素を説明してください。

 過失責任（Negligence）は、誰かが他人に対して法律上の注意義務を怠り、その結果として他人に対して予測可能な損害を引き起こした場合に適用される法的な原則です。過失責任が問題となる訴訟において主張を構成するためには、次の4つの要素が必要です：

　　1. 注意義務（Duty of Care）：原告（被害者）は、被告（被訴者）によって特定の行動や不注意によって受けるかもしれない危険を避ける義務を負っていると主張する必要があります。これは、一般的な合理的な人間が同様の状況下でどのように

行動するかに基づいて評価されます。

2. 違反（Breach of Duty）：原告は、被告がその注意義務を遵守しなかったことを立証する必要があります。つまり、被告が合理的な注意を欠いた行動を取ったか、もしくは適切な注意を払わなかったことを示す必要があります。

3. 因果関係（Causation）：原告は、被告の違反が原因で損害が生じたことを立証する必要があります。つまり、被告の不注意が直接的な結果として原告に対して損害を引き起こしたことを示す必要があります。

4. 損害（Damages）：原告は、物理的な損傷、経済的な損失、精神的な苦痛、その他の被害など、具体的な損害があったことを証明する必要があります。過失責任訴訟では、被告が原告に対して補償をしなければならない程度の損害が存在することが重要です。

これらの要素が全て揃って初めて、過失責任の主張が成り立つ可能性が高くなります。訴訟では、原告はこれらの要素を裏付ける証拠を提供する必要があります。そして、裁判所はその証拠を審理し、過失責任が成立するかどうかを判断します。

② タスクの説明と解き方の例を連結したプロンプト（few-shot）

与えた模範例は、モデルに応答を生成させたいと考えている、後続する問題に対する条件付けとして機能する。これにより、モデルは、何らかの形でタスクの実行方法を学習する。より難しいタスクについては、デモンストレーションの数を増やすことで実験することができる。

〈例〉

Prompt:

タスク：あなたは契約違反の事例に関する法的アドバイザーです。以下のシナリオを分析した上で、新たな事例 |input| に対する法的なアドバイスを提供してください。

シナリオ1：|input|

具体的なアドバイスの例：|input|

シナリオ2：|input|

具体的なアドバイスの例：|input|

Prompt:

タスク：あなたは契約違反の事例に関する法的アドバイザーです。
###
シナリオ１："当事者Ａは、当事者Ｂとの間で役務を提供することを内容とする契約を締結した。しかし、当事者Ｂが契約に定められた義務を履行しなかったため、当事Ａは経済的な損失を被った。"
具体的なアドバイスの例："シナリオ１によれば、当事者Ａは契約違反を主張できる可能性がある。当事者Ａは、契約条件に関する証拠、当事者Ｂの債務不履行の証拠、及び債務不履行により生じた経済的損失の証拠を収集することが推奨される。当事者Ａは、当事者Ｂに対し契約違反を正式に通知することを検討し、かつ損害賠償請求や履行請求などの救済措置を求める選択肢を探索すべきである。"
###
シナリオ２："当事者Ａと当事者Ｂは契約を締結したが、当事者Ｂは、契約の取り決めにおいて共通錯誤があり、そのためにお互いに義務の内容に関する誤解が生じたと主張している。"
具体的なアドバイスの例："シナリオ２では、当事者Ｂは契約の取り決めにおいて共通錯誤があった旨主張している。当事者Ａは、契約書を詳細に確認し、合意された取り決めを支持する証拠を含むあらゆる証拠を慎重に検討することが望ましい。お互いの誤解が確認されれば、契約を巡る再交渉や合意解約が適切な場合がある。
###
シナリオ１、シナリオ２を分析した上で、次の新たな事例に対する法的なアドバイスを提供してください。
###
ジェニファーは、建設会社との間で建物建築請負契約を締結した。契約では、建設会社は、ジェニファーの土地に 2023 年 7 月末までに家を新築して引渡し、ジェニファーは家の完成と引渡しの対価として 20 万ドルを支払うと記載されている。しかし、建設会社は、工事の完成が遅れており、2023 年 10 月末まで引渡しを延期してほしいと述べている。ジェニファーは、現在の住居を 8 月末までには退去しなければならず、家の引渡しまで一時的に別の住居を賃借する必要がある。ジェニファーは、建設会社に対してどのような法的手段を取ることができるか？
###

ジェニファーの状況を分析し、彼女が建設会社に対して取ることができる法的手段を検討します。

ジェニファーの状況はシナリオ１に類似しており、契約違反の可

能性があります。以下に、彼女が検討すべき法的手段を示します。

1. 契約違反主張：ジェニファーは、建設会社が契約で合意した期限に家を引渡せなかったことを契約違反と主張することができます。建設会社が納期を遵守しなかったため、ジェニファーは経済的な損失を被る可能性があります。

2. 契約の履行を求める：ジェニファーは、建設会社に対して契約通りの引渡しを求めることができます。建設会社には納期を遵守し、家を完成させて引き渡す義務があるため、ジェニファーはこれを要求することができます。

3. 損害賠償請求：ジェニファーは、建設会社の契約違反により生じた経済的損失に対する損害賠償請求を検討できます。彼女が一時的な住居を賃借する必要が生じたり、工事の遅延により他にも損失が発生した場合、これらの損失を請求することができます。

4. 契約の解除：ジェニファーは、建設会社が契約条件を履行できない場合、契約を解除することを検討できます。ただし、この場合、ジェニファーは別の建設業者を見つけて工事を続行するか、他の適切な対処法を検討する必要があります。

5. 交渉と合意：最終的に、ジェニファーは建設会社との交渉を通じて、適切な解決策を見つけることも考慮できます。引き渡しの遅延が避けられない場合、条件を再調整して合意するか、遅延に対する補償を受ける条件を交渉することができます。

状況によって最適な手段が異なる可能性があるため、ジェニファーは事案を詳細に検討し、法的アドバイスを専門家からも受けることをおすすめします。また、契約文書や関連する証拠を整理し、強力な主張をサポートするために準備を進めることも大切です。

　zero-shot プロンプト、few-shot プロンプトでも対応できないタスクに対しては、より高度なプロンプト手法（例えば、後述する「思考の連鎖」（Chain-of-Thought: CoT））を試してみるか、それでもうまくいかなければモデルをファインチューニングするしかない。

カ　まとめ

　プロンプト・エンジニアリングでは、プロンプトを介して生成される応答

をどのように制御するかが重要な問題である。特定の目的をほぼ完璧な形で達成させるようなプロンプトを与えることは容易なことではなく、その指針を見つけることすらも困難ではあるが、上記のように、ChatGPT については現時点でもいくつかのコツが提案されている[6]。

　筆者の私見では、論文試験の問題文のような解釈の余地がない（少ない）指示をプロンプトとして入力すると、望む出力結果が比較的返ってきやすいと考えている。論文試験の問題文は受験生に問題文の解釈の余地を残さないよう、なるべく一義的で明確な指示をタスクとして与え、採点者の想定範囲外の、又は意図に沿わない答案をなるべく減らすように作成されるが、プロンプトによる指示文も同様に、ChatGPT に指示文の解釈の余地をなるべく与えないよう、可能な限り一義的で明確な指示をタスクとして与えると、ユーザーの想定範囲外の、又は意図に沿わない出力結果が返ってくる可能性はそれだけ低くなると考えられる。

　もっとも、あまり難しく考えず、とにかく色々なプロンプトを入れて、それぞれの出力の良し悪し（自身が望む出力結果に近い応答が返されているか否か）を色々と比較してみるとよい。そのうちに、「どのようなプロンプトに対しては、どのような応答を返しやすいか」といった ChatGPT の癖のようなものが見えてくる。ユーザーが同じ意味のプロンプトを入力したつもりでも、全く異なる応答が生成される場合も多い。この現象は、ChatGPT がプロンプトの僅かな変更に対して敏感である特性を持つことによると考えられる[7]。とにかく、何度も何度も、色々な手法を試行錯誤してみることが重要である。

　最後に、プロンプトに関する究極のワザ（言い過ぎであろうか⁉）もある。「先ほど私が入力したプロンプトを、私の意図や目的に即したプロンプトに改善してください。」と入力すれば、より上手な表現に言い換えてくれたり、ChatGPT がより回答しやすい質問に替えてくれたり、プロンプトの欠点を

6）　Open AI. "Best practices for prompt engineering with OpenAI API". written by J. Shieh（https://help.openai.com/en/articles/6654000-best-practices-for-prompt-engineering-with-openai-api）など。

7）　OpenAI. (2022). "Introducing ChatGPT". (https://openai.com/blog/chatgpt)

補完してくれたりする。是非一度試してみていただきたい。

⑷　本文中学習（in-context learning）

ア　本文中学習とは何か？

　大規模言語モデル（LLMs）の本文中学習（in-context learning）とは、大規模言語モデルが、ユーザーとの対話における既存の文脈を活用して新しい情報を学習することをいう。(3) オで説明した zero-shot プロンプト、few-shot プロンプトも、本文中学習の一例である。

　通常、大規模言語モデルは、大量のテキストデータをトレーニングデータとして使用し、パラメータ学習を行う。しかし、この学習は、ある特定の時点で終了し、以降の情報や新たなコンテキストは反映されない。例えば、無償版の ChatGPT は、2021 年 9 月までに存在した大量のテキストコーパスの情報から学習した大規模言語モデルを用いている。

　しかし、本文中学習では、言語モデルが既存の知識や文脈を継続的に更新し、新たな情報や対話を学習することができる。大規模言語モデルの本文中学習能力により、モデルは最新の情報に基づいて応答を生成する能力を維持し、極めて限定的ではあるが、大規模言語モデルが製作された時点以降に発生した情報や文脈に対する応答も生成できる。また、大規模言語モデルが特定の対話や文脈において誤った情報を生成した場合、ユーザーがモデルに対する適切なフィードバックを与えることで、モデルは自己修正し、生成する応答の正確性を向上させることができる。

イ　本文中学習の利点

　このように、大規模言語モデルは、ベンダーによる事前学習、ファインチューニングに加え、ユーザーによる本文中学習を併用して、そのパフォーマンスを向上させていくことが可能である。ユーザーが、最新の情報と文脈を継続的にモデルに与えて学習させることで、モデルは、言語に関する知識、単語同士の関連性や文脈に関するパターン認識を強化することができ、その結果、最新の情報と文脈に基づく、より適切な応答を生成することが可能となる。要するに、本文中学習は、大規模言語モデルが学習済みの既存の知識や文脈をベースとして、新たな情報を学習させることで、その応答能力を補

強・改善するための手法の一つである。

　これにより、ユーザーは、プロンプトの入力→大規模言語モデルによる回答生成→ユーザーによるフィードバック→……という対話形式を通じて、特定のドメインにおける最新の専門知識をモデルに追加で獲得させ、そのドメインに関する今度の質問応答に活用するなど、本文中学習を利用して大規模言語モデルを自分専用にカスタマイズすることも可能となる。

　また、一挙にすべての指示を入力しなくても、既にした指示及びそれに対する回答を踏まえて、段階的に指示をしていくことが可能であるという点も極めて便利である。回答がユーザーの意に沿わなかった場合は、その理由と併せてその旨を指摘すると、回答が大きく改善する。

ウ　本文中学習の限界と注意点

　ただし、本文中学習がパフォーマンスを向上させるか否かは、ユーザーによるフィードバックの量や質に依存していることには留意すべきである。特に、専門性の高い領域（医療、法律、金融など）における本文中学習において、モデルのパフォーマンスを改善するには、適切かつ正確な情報や判例など高品質の学習データをプロンプトとして入力すること、専門知識に裏付けられたユーザーにおいて、モデルの不正確な回答や誤解を招きかねない回答に対し、適切かつ正確なフィードバックを行うことが不可欠である。

　また、法律や裁判のように、複数の異なる見解が存在する専門領域においては、それぞれ異なる見解の存在や内容を適切に入力しておかなければ、本文中学習の内容も自ずと偏った内容となってしまうおそれもある。さらに、法律や裁判において、本文中学習において生成される応答の精度を向上させるためには、適用すべき法律やそれに関する適切かつ正確な先例を文脈として入力しておくことも重要である。

⑸　ChatGPT の設定（サンプル生成の幅を調節するパラメータ）

　ChatGPT の出力は、その基盤となる大規模言語モデルによって、出力する次の単語として予測された確率分布からの、一つのサンプルであるため、全く同じプロンプトに対して異なる種類の回答を生成する。以下の Temperature と Top_p は、言語モデルからのサンプリングの手法の一例で

あり、ChatGPTにおいても出力のサンプル生成の幅を調整するパラメータとされている。

GPT-4をベースとした新しい検索システムであるMicrosoft Bingのサービスでは、ユーザーがチャットの際の会話のスタイルを「より創造的に」、「よりバランスよく」、「より厳密に」の中から選択できるようなユーザーインターフェイスが採用されている。会話のスタイルを変更したときは、システムの内部で、出力の多様性・創造性を調節する以下のようなパラメータの設定を変更しているものと考えられる。

無償版のChatGPTでは、このようなパラメータの設定変更はできないが、有償のOpenAI API（Application Programming Interface）では、他にも様々なパラメータ設定が可能である[8]。

① Temperature（温度）

生成されるテキストの多様性・創造性を制御するパラメータである。Temperature（温度）が高くなるに従って確率分布がより一様に、すなわち各トークンの生成確率が均等になり、より多様で創造的なアウトプットがなされる。温度が低くなるに従ってトークンごとの生成確率の差が大きくなり、相対的に高い確率のトークンが抽出・選択されやすくなり、アウトプットがより確定的になる。

② Top_p

Top-pも、生成されるテキストの多様性・創造性を制御するパラメータである。次のトークンの候補として、生成確率の累積が上位pパーセントに含まれるトークンのみが考慮され、それらの中からランダムに次のトークンが抽出・選択される。Top-pが小さい値であるほど、候補となるトークンが高確率のものに絞られ、アウトプットがより確定的になる。Top-pが大きい値であるほど、低確率の候補も考慮されるため、アウトプットがより多様で創造的になる。

8） https://platform.openai.com/docs/api-reference/chat/create

⑹　プロンプト・エンジニアリングの効用

　プロンプト・エンジニアリングの最大の効用は、モデルのパラメータを更新するためのファインチューニングが不要であるということである。ごく限定された領域においては、質問応答や対話という形式で、最新の情報を文脈に即した形でモデルに学習させることが可能となる。ファインチューニングを行った場合と比較すると、タスクに対する応答の精度は低いことが多いが、ユーザーがプロンプトを色々と工夫することで、ユーザーの意図に少しでも近い形での応答が生成され、また適切なフィードバックによりさらに応答の精度が向上する。

　また、プロンプト・エンジニアリングでは、従来の実装とはかなり異なり、コードを書く必要はなく、自然言語でプロンプトを与えればよいため、プログラミングスキルが不要である。すなわち、弁護士のように、一般的にはプログラミングスキルを持たない職業の者でも、自然言語で明解な指示をすることで、コンピュータに広範なタスクを行わせることが可能となるため、業務におけるコンピュータの利活用のハードルが一段と下がっている。今後、この傾向はますます続くと思われる。

第1章
第2章
第3章
第4章
法律事務所において生成ＡＩを利活用する際の一般的な技法
第5章
第6章

3 発展的なプロンプト〜思考の連鎖（Chain-of-Thought: CoT）

⑴　思考の連鎖（Chain-of-Thought: CoT）とは何か？

　言語モデルは、算術問題推論（算数の問題を解くこと）、一般常識推論（前提となる背景知識が明確に記述されていない問題を、物理的・人間的相互作用を含む常識を補って解くこと）、記号推論（未知の記号に対して抽象的な操作を行うこと）の各タスクが苦手で、最終的な解答を間違うことも多いとされている。

　「思考の連鎖」とは、数学の問題のように、複数段階の推論を要する問題に対する最終的な解答を得るための、首尾一貫した一連の中間的な推論ステップをいう。例えば、数学の問題を解くときに、問題をいくつかの中間的なステップに分解し、それぞれを解いてから最終的な答えを出すことがあるが、

そのような「思考の連鎖」を大規模言語モデルに与えることで、算術問題推論、一般常識推論、記号推論などのタスクを大規模言語モデルに解かせるアプローチである。このような推論タスクを遂行するため、タスクの内容と模範例を示した few-shot のプロンプトを入力し、LLMs の能力を拡張することが、「思考の連鎖」の目的である[9]。

　①タスクの内容の指示に加え、②ステップバイステップの方法により検討すべきことの指示、及び③問題の解き方（問題解決に至るまでの一連の中間的な推論ステップ）を示した模範例（一つ又は複数の質問‐応答のセット）を自然言語により表現し、プロンプトとして生成 AI に入力することを、思考の連鎖プロンプティング（few-shot chain-of-thought）という。これにより、標準的なプロンプトでは最終的な解答を誤った問題に対しても、正しい解答を出力するように性能が劇的に向上した事例が多数報告されている。

　なお、単に①タスクの指示に加えて、② "Let's think step by step."（ステップバイステップの方法で検討しましょう。）あるいは "Let's work this out in a step-by-step way to be sure we have the right answer."（ステップバイステップの方法で検討し、着実に正しい回答を導き出しましょう。）の文言のみを追加する zero-shot chain-of-thought も有効な方法である。

　大規模言語モデル（以下、「LLMs」という）の規模（パラメータ数）の飛躍的な増大により、思考の連鎖（以下「CoT」という。）の能力が開花（創発）されたとされる[10]。すなわち、小規模な言語モデルでは、算術問題推論、一般常識推論、記号推論のそれぞれのタスクにおいて、標準的なプロンプトを入力した場合と、思考の連鎖プロンプト（以下「CoT プロンプト」という。）を入力した場合を比較した結果、いずれのタスクにおいても、特に性能向上は見られなかったことが実験結果に基づき報告されている。

---

9)　「思考の連鎖」は、典型的には、問題の解き方の模範例まで示した few-shot chain-of-thought を指す。もっとも、単に "Let's think step by step."（ステップバイステップの方法で検討しましょう。）を追加しただけの zero-shot chain-of-thought も「思考の連鎖」に含めてよい。

10)　言語モデルの大規模化に伴い、新たに獲得される性能向上・能力を「創発的能力」（emergent abilities）という。

Standard Prompting

Model Input

Q: Roger has 5 tennis balls. He buys 2 more cans of tennis balls. Each can has 3 tennis balls. How many tennis balls does he have now?

A: The answer is 11.

Q: The cafeteria had 23 apples. If they used 20 to make lunch and bought 6 more, how many apples do they have?

Model Output

A: The answer is 27. ✖

Chain-of-Thought Prompting

Model Input

Q: Roger has 5 tennis balls. He buys 2 more cans of tennis balls. Each can has 3 tennis balls. How many tennis balls does he have now?

A: Roger started with 5 balls. 2 cans of 3 tennis balls each is 6 tennis balls. 5 + 6 = 11. The answer is 11.

Q: The cafeteria had 23 apples. If they used 20 to make lunch and bought 6 more, how many apples do they have?

Model Output

A: The cafeteria had 23 apples originally. They used 20 to make lunch. So they had 23 - 20 = 3. They bought 6 more apples, so they have 3 + 6 = 9. The answer is 9. ✔

Figure 1: Chain-of-thought prompting enables large language models to tackle complex arithmetic, commonsense, and symbolic reasoning tasks. Chain-of-thought reasoning processes are highlighted.

Math Word Problems (free response)

Q: Roger has 5 tennis balls. He buys 2 more cans of tennis balls. Each can has 3 tennis balls. How many tennis balls does he have now?

A: Roger started with 5 balls. 2 cans of 3 tennis balls each is 6 tennis balls. 5 + 6 = 11. The answer is 11.

Math Word Problems (multiple choice)

Q: How many keystrokes are needed to type the numbers from 1 to 500?
Answer Choices: (a) 1156 (b) 1392 (c) 1480 (d) 1562 (e) 1788

A: There are 9 one-digit numbers from 1 to 9. There are 90 two-digit numbers from 10 to 99. There are 401 three-digit numbers from 100 to 500. 9 + 90(2) + 401(3) = 1392. The answer is (b).

CSQA (commonsense)

Q: Sammy wanted to go to where the people were. Where might he go?
Options: (a) race track (b) populated areas (c) desert (d) apartment (e) roadblock

A: The answer must be a place with a lot of people. Race tracks, desert, apartments, and roadblocks don't have a lot of people, but populated areas do. So the answer is (b).

StrategyQA

Q: Yes or no: Would a pear sink in water?

A: The density of a pear is about 0.6 g/cm^3, which is less than water. Thus, a pear would float. So the answer is no.

Date Understanding

Q: The concert was scheduled to be on 06/01/1943, but was delayed by one day to today. What is the date 10 days ago in MM/DD/YYYY?

A: One day after 06/01/1943 is 06/02/1943, so today is 06/02/1943. 10 days before today is 05/23/1943. So the answer is 05/23/1943.

Sports Understanding

Q: Is the following sentence plausible? "Joao Moutinho caught the screen pass in the NFC championship."

A: Joao Moutinho is a soccer player. The NFC championship is part of American football, not soccer. So the answer is no.

SayCan (Instructing a robot)

Human: How would you bring me something that isn't a fruit?

Explanation: the user wants something to eat that isn't a fruit. An energy bar is not a fruit, so I will bring the user an energy bar.
Plan: 1. find(energy bar) 2. pick(energy bar) 3. find(user) 4. put(energy bar) 5. done().

Last Letter Concatenation

Q: Take the last letters of the words in "Lady Gaga" and concatenate them.

A: The last letter of "Lady" is "y". The last letter of "Gaga" is "a". Concatenating them is "ya". So the answer is ya.

Coin Flip (state tracking)

Q: A coin is heads up. Maybelle flips the coin. Shalonda does not flip the coin. Is the coin still heads up?

A: The coin was flipped by Maybelle. So the coin was flipped 1 time, which is an odd number. The coin started heads up, so after an odd number of flips, it will be tails up. So the answer is no.

Figure 3: Examples of ⟨input, chain of thought, output⟩ triples for arithmetic, commonsense, and symbolic reasoning benchmarks. Chains of thought are highlighted. Full prompts in Appendix G.

出典：J.Wei et al.（2022）"Chain-of-Thought Prompting Elicits Reasoning in Large Language Models" より抜粋した。

法律事務所において生成AIを利活用する際の一般的な技法

プロンプトが CoT による推論の例を模範として大規模言語モデルに与える（本文中学習；in-context learning）ことで、モデルのファインチューニング（fine-tuning）をせずとも多くの推論タスクが実行可能になるとされ、CoT を用いることで大規模言語モデルの推論能力をうまく引き出すことに成功した実験結果も報告されている[11]。これらの実験結果は、「言語モデルは、モデル規模の関数として、様々な意味理解（semantic understanding）と論理的推論（logical reasoning）の能力を獲得する」という仮説を裏付け

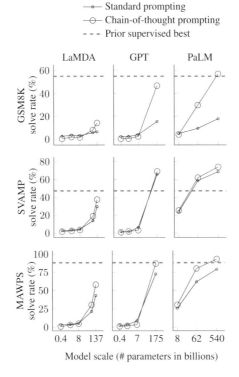

Figure 4: Chain-of-thought prompting enables large language models to solve challenging math problems. Notably, chain-of-thought reasoning is an emergent ability of increasing model scale. Prior best numbers are from Cobbe et al. (2021) for GSM8K, Jie et al. (2022) for SVAMP, and Lan et al. (2021) for MAWPS.

出典：J.Wei et al. (2022) "Chain-of-Thought Prompting Elicits Reasoning in Large Language Models" より抜粋した。

るものと報告されている[12]。また、原理的には、人間が言語によって解決できるあらゆるタスクに CoT が応用できる可能性を秘めているとも報告されている。

　CoT は、プロンプトとして模範例を与える主体（人間のアノテーター）、模範例そのもの、模範例の数、模範例をプロンプトとして与える客体である言語モデル等の各々が異なるものであったとしても、各種推論タスクに対して性能向上を示した[13]という実験結果も報告されている。特に、機械学習のバックグラウンドがないアノテーターが与えた CoT プロンプトでも言語モデルの性能向上を示した実験結果や、あるモデルで高い性能向上を示した特定の CoT プロンプトが他の大規模言語モデルに対しても性能向上を示した実験結果は、専門家でない者でも、あらゆる種類の生成 AI に対して CoT プロンプトを与えることで、生成 AI が有する各種推論タスクの性能を向上させる可能性を示唆するものであり、注目に値する。

　現時点では、大規模言語モデルにおいてのみ CoT がモデルの性能向上を示す理由の詳細は不明である。CoT を実行している時のモデルの挙動の詳細は不明であるが、CoT は自然言語の表現の形で指示を与えることが有効であり、また、多段階の推論を必要とする複雑なタスクほど性能向上を示すとされている。CoT という形式での逐次的なプロンプトの指示により、モデルが、その指示に従う過程で、事前学習により獲得したより多くの関連知

11）　J. Wei et al. (2022). "Chain-of-Thought prompting Elicits Reasoning in Large Language Models" (https://arxiv.org/pdf/2201.11903.pdf)

12）　"Recent advancements in large language models, particularly the discovery of their emergent properties and in-context learning abilities, have opened up a new avenue for machine reasoning." (J. Long (2023). "Large Language Model Guided Tree-of-Thought"(https://arxiv.org/pdf/2305.08291.pdf))

13）　これを CoT の頑健性（robustness）という。ただし、J. Chen, L. Chen, H. Huang, T. Zhou (2023)."When do you need Chain-of-Thought Prompting for ChatGPT?" は、「1．ChatGPT は、指示がなくても、算術問題推論タスクにおいて中間ステップを自発的に生成する。2．GPT-3 やそれ以前の LLM とは異なり、ChatGPT に算術問題推論タスクを行わせる場合、CoT による指示は、役に立たない、あるいは有益である。3．他の推論課題では、ChatGPT は GPT-3 と同様の挙動を示す。4．ChatGPT は、ファインチューニングにより CoT 指示を用いた算術推論能力を実装し、指示とデータを記憶したものと考えられる。」と報告している (https://arxiv.org/pdf/2304.03262.pdf)。

識にアクセスできるようになったという仮説も成り立ち得るが、各種推論に必要な意味の理解と論理的推論の能力獲得には、単に知識を活性化させることだけでは十分ではないと考えられている。事前学習データ、モデルアーキテクチャ、モデルが最適化を行う対象のそれぞれが持つ特性も、大規模言語モデルの推論能力獲得[14]に寄与していると考えられているが、各種の要因が絡む複雑な現象であり、いかなる特性がどのような形で寄与しているのかはまだ明らかにされていない。

⑵　思考の連鎖（Chain-of-Thought：CoT）の後続研究と派生形

　CoT ないし CoT プロンプティングには、後続研究としての派生形が多数存在する。そのすべてを網羅することは不可能であり、また本書籍の趣旨からも外れるため、法的推論に有効と思われるもののみを幾つか取り上げる。

　下記の①～③は、複雑な問題をいくつかの中間的な推論ステップに分解した上で回答を生成させる点で共通する。①の SC method は、何回か解答を regenerate して結果を比較すればよいので、法的推論を要する多くの問題に対して有効である。②の LtM Prompting は、着想は素晴らしいが、プロンプトを何回も作らなければならないので面倒であり、実践的でない。これに対し、③の PS Prompting は、プロンプトのテンプレートが決まっており、かつ通常の CoT と比較して綿密な法的推論が生成されるため、実践的である。

　④の Role-Play Prompting は、モデルに特定の役割（法律家・研究者・小説家・ライターといった特定の職業や、架空の人物・歴史上の人物・実在の人物といった特定の人物）を割り当てるロールプレイのプロンプトを改良した手法であり、暗黙裡に思考の連鎖（CoT）を発動させるものと報告されている。

---

14)　大規模言語モデルが何らかの形で「メタ学習」（＝「学習の仕方」を学習する）し、モデルを各種タスクに合わせて適応させる能力を急速に獲得しているとも解釈されている。

① Self-Consistency（SC）Method[15]

Self-Consistency（SC）は、同じ CoT プロンプトに対して幾通りかのサンプル回答（何通りかの推論経路と答え）を生成させ、異なる推論経路にもかかわらず最終的な解答が一致したものの中から、多数決を採って最適解を決定する方法である。複雑な推論タスクは、通常、正解に達するまでの多数の推論経路があり得るとの直観に基づく方法であり、「複数の正しい推論経路は、互いに異なるものであっても、同一の最終解を導く傾向が強い」との仮定に基づいている。

SC のメソッドは、次のとおりである。

ⅰ）CoT プロンプトを入力する。

ⅱ）多様な推論経路と答えのペアの集合をサンプル生成させる。

ⅲ）サンプル生成された最終的な答えの多数決を採り、多数の推論経路から当該多数決にかかる答えが導かれたとき、当該答えを最適解として選択する。

② Least-to-Most（LtM）Prompting[16]

Least-to-Most（LtM）Prompting は、複雑な問題をより簡単な小問のリストに分解した後、分解された小問を順にモデルに解かせていくというプロンプト・エンジニアリングの手法である。教育心理学から借用した手法であり、学生に新たなスキルを習得させるための誘導（助け舟）の方法を模したものである。LtM は、CoT や SC と適宜組み合わせることが可能である。

具体的なプロンプトの方法は、次のとおりである。

ⅰ）複雑な問題を小問のリストに分解する。

このとき、問題と共に、問題を分解する方法を示した例をプロンプトで与える。

ⅱ）分解した小問の解答を順に生成させる。

15）　X. Wang et al.（2022）. "Self-Consistency Improves Chain of Thought Reasoning in Language Models". (https://arxiv.org/pdf/2203.11171.pdf)

16）　D. Zhou et al.（2022）. "Least-to-Most Prompting Enables Complex Reasoning in Large Language Models". (https://arxiv.org/pdf/2205.10625.pdf)

このとき、1番目の小問と共に、その小問の解き方を示した例をプロンプトで与え、1番目の小問の解答を生成させる。

その後、最初の問題に、1番目の小問及び解答と、2番目の小問及びその解き方の例を付け加えたプロンプトを新たに作り、2番目の小問の解答を生成させる。

その後、最初の問題に、1番目の小問及び解答と、2番目の小問及び解答と、3番目の小問及びその解き方の例を付け加えたプロンプトを新たに作り、3番目の小問の解答を生成させる。

この過程を、最後の小問の解答（＝最終回答）に至るまで繰り返す。この方法は、前に解いた小問の解答によって、次の小問を解くことを容易にする方法といえる。

なお、LtM の i）、ii）の2段階を、単一のプロンプトにもまとめることができる場合もある。

③　Plan-and-Solve（PS）Prompting[17]

プロンプトのテンプレートが定まった CoT の応用形である。"Let's think step by step."（ステップバイステップの方法で検討しましょう。）に代えて、"Let's first understand the problem and devise a plan to solve the problem. Then, let's carry out the plan and solve the problem step by step."（まず、問題を正しく理解した上、正解を導くための計画を立案しましょう。次に、立てた計画を実行し、ステップバイステップの方法で正しい回答を生成しましょう。）などと入力するのが PS Prompting である。

さらに、推論過程の質を改善すべく、PS Prompting に追加の詳細な指示を与え、例えば "Let's first understand the problem, list all the additional information required, and devise a plan to solve the problem. Then, let's carry out the plan and solve the problem step by step（pay attention to common sense and logical coherence)."[18]（まず、問題を正しく理解し、追加

---

17)　L. Wang et al. (2023). "Plan-and-Solve Prompting: Improving Zero-Shot Chain-of-Thought Reasoning by Large Language Models". (https://arxiv.org/pdf/2305.04091.pdf)

で必要となるすべての情報を挙げた上で、正解を導くための計画を立案しましょう。次に、立てた計画を実行し、ステップバイステップの方法で正しい回答を生成しましょう。その際、常識と論理的一貫性に注意しましょう。）などと入力するのが、PS+ Prompting である。

PS Prompting は、zero-shot-CoT（"Let's think step by step."）と比較して、高品質の推論過程を生成できることが報告されている。また、PS+ Prompting は、模範例を示さなくても、いくつかの事例で、few-shot-CoT（模範例を示した通常の CoT プロンプト）よりも高い性能を発揮したことが報告されている。

PS Prompting と PS+ Prompting をいくつかの法的推論に適用してみたところ、通常の zero-shot-CoT より緻密な回答が生成された。単にテンプレートに従ってプロンプトを生成すればよく、大きな労力を要しないので、実践的な方法と評価できる。

④　Role-Play（RP）Prompting[19]

モデルに特定の役割を割り当てるロールプレイのプロンプトを改良した手法である。従来のロールプレイ・プロンプトは、役割の割り当てと質問を連結して1つのプロンプトにしてモデルに問い合わせるものであった。これに対し、新しい RP Prompting は、割り当てた役割にモデルを没入させるため、プロンプトを2段階に分ける。

最初の役割設定はその後の推論の有効性を左右するため、第1段階では、役割設定のプロンプトを入力した上で、モデルが果たすべき具体的な役割に関する複数の応答をサンプル生成する。その中で、すべての質問に対しモデルが果たすべき具体的な役割として、最適な応答を特定する。第1段階の目的は、第2段階でモデルにタスクに応じた最適な役割を認識・没入させるた

18）　論文では特に言及されていないが、PS Prompt は、G. Polya（1945）. *How to Solve It* で言及された4つの原則（four principles; 1. Understand the problem, 2. Devise a plan, 3. Carry out the plan, 4. Review/ extend）から着想を得たのであろうか。

19）　本書脱稿後に発表された A. Kong et al. (2023). "Better Zero-Shot Reasoning with Role-Play Prompting". (https://arxiv.org/pdf/2308.07702.pdf) による。

め、第2段階でフィードバックとして入力するプロンプトを確保することにある。役割設定のプロンプトをデザインする際には、目前のタスクに対して明らかに有利な役割を選択することが重要である。

　第2段階では、第1段階で入力したプロンプトと最適な役割として特定された応答に加え、質問文を連結して、1つのプロンプトを入力し、質問に対する応答をモデルに生成させる。

　具体的なプロンプトの方法は、次のとおりである。
ⅰ）　最適な役割を設定・割り当てるためのプロンプト構築
　prompt:｛役割の設定・割り当てを行うプロンプト｝
　output:｛役割のフィードバックを行うプロンプト（＝第2段階でモデルにフィードバックするための、タスクに応じた最適な役割として生成される応答）｝
　※　応答を何回もサンプリング生成し、割り当てる役割として最適な応答を選択→第2段階のプロンプトの一部として利用
ⅱ）　最適な質問応答を生成させるためのプロンプト構築
　prompt:｛役割の設定・割り当てを行うプロンプト
　　　　　＋役割のフィードバックを行うプロンプト
　　　　　＋質問文のプロンプト｝

　論文の実験例において、数学教師の役割の設定を行うプロンプト、役割のフィードバックを行うプロンプトとして、次のようなプロンプト[20]が紹介されている。
　prompt:｛これから、あなたは優秀な数学教師であり、いつも生徒に数学の問題を正しく解説してくれます。そして、私は、あなたの生徒の一人です。｝

---

20)　原論文で紹介されたプロンプトは、以下のとおりである。
　　prompt: From now on, you are an excellent math teacher and always teach your students math problems correctly. And I am one of your students. }
　　prompt: That's great to hear! As your math teacher, I'll do my best to explain mathematical concepts correctly so that you can understand them easily. Feel free to ask any math problems or questions you have, and I'll be glad to assist you. Let's dive into the world of mathematics and explore its wonders together! }

prompt:｜素晴らしい！数学教師として正しく数学の外見を説明できるよ
　　　　う最善を尽くし、それにより、あなたは数学の概念を容易に理解
　　　　できます。数学の問題や質問があれば遠慮なく尋ねてください。
　　　　喜んでお手伝いします。一緒に数学の世界へ飛び込み、その不思
　　　　議を探究しましょう。｜

　PS Prompting は、算術推論、一般常識推論、記号推論などのタスクを含む 12 データセットのうち 10 セットで、標準的なプロンプトのベースラインを上回る優れた性能を示したと報告されている。また、PS Prompting は、上記 12 データセットのうち 9 セットで、zero-shot CoT を上回ったと報告されている。さらに、PS Prompting の手法の有効性は、異なるモデルにおける実験でも確認されており、手法の普遍的な有効性が報告されている。

　原論文の著者は、PS Prompting は暗黙裡に CoT を発動させるトリガーとして機能し、より効果的な CoT を生成できるため、LLMs の推論能力を増強し得ると考察している。また、目前のタスクにとって最も適した具体的な役割を割り当てることと、LLMs に当該最適な役割を自己認識させることが、生成結果の向上にとって不可欠であると指摘している。

⑶　思考の連鎖（Chain-of-Thought: CoT）プロンプトの具体例

　以下の例は、ChatGPT に法的推論のタスクを行わせるための思考の連鎖プロンプトの具体例である。第 5 章と同じく、無償版の ChatGPT（GPT-3.5 のモデルをベースとしたサービス）を利用した。

　本書籍に掲載したすべての対話は、筆者の OpenAI アカウントにおいて実際に行った対話である。一つの枠内にある一連の対話は、一つの対話フォルダ（プロンプトと ChatGPT の一連の対話をトピックごとに格納・分類したもの。ChatGPT の画面左端にアイコンと共に一覧表示される。）内で行われたものである。全く同じトピックについて複数回対話を行う際には、本文中学習（in-context learning）を避けるため、異なる対話フォルダ内で対話を行うこととし、本書籍掲載時にも対話フォルダごとに別の枠を設けて区別している。

　ChatGPT の回答は、その基盤となる大規模言語モデルにより、出力する

次の単語として予測された確率分布からの、一つのサンプルにすぎないため、全く同じプロンプトに対して異なる種類の回答を生成し得る。また、ChatGPT の回答は、プロンプトのごく僅かな違いに対しても敏感であると言われている。

このため、以下の具体例に挙げたプロンプトをそのまま入力しても、同一の回答が生成されるとは限らない（むしろ、通常異なる回答が生成される）ことには留意していただきたい。想定していた回答と異なる回答が生成された場合は、"Regenerate" をクリックするか、あるいはプロンプトを変えてみるなどの工夫が必要である。

具体例 1： 貸金返還請求の可否・内容

【標準的なプロンプト：思考の連鎖なし】

> **Prompt:**
> 以下の具体例において、Ａ の Ｂ に対するいくらの貸金返還請求が認められるかを答えてください。
> ###
> Ａ は、2023 年 7 月 1 日、友人 Ｂ から、今月の銀行の返済に間に合わないから、100 万円何とか用立ててほしいとお願いされた。Ａ は 2023 年 7 月 6 日、Ｂ の銀行口座に 100 万円を振り込んだ。Ｂ は、2023 年 8 月 31 日、Ａ に対し、20 万円を手渡した。
> ###

 この具体例において、Ａ の Ｂ に対する貸金返還請求が認められるかどうかを判断するには、いくつかの要因を考慮する必要があります。具体的な請求の詳細や法的な規定に依存する可能性がありますが、一般的な原則に基づいて判断してみましょう。

  1. 貸し手（Ａ）と借り手（Ｂ）の合意：Ａ が 100 万円を Ｂ に貸し付けることに合意したことが示されています。これは借金の証拠です。
  2. お金の貸し付け：Ａ は 2023 年 7 月 6 日に 100 万円を Ｂ の銀行口座に振り込みました。これにより、お金が Ｂ に渡った

　　　ことが確認されます。
　　3.　返済：B は 2023 年 8 月 31 日に 20 万円を A に支払いまし
　　　　た。これは部分的な返済です。

　　したがって、A はまだ B に対して 80 万円の未返済金を請求でき
　　る可能性があります。ただし、請求の詳細や法的な契約によって異
　　なる場合があるため、具体的な法的アドバイスを受けることが重要
　　です。場合によっては、契約書や証拠が必要となり、法的手続きを
　　進めるかもしれません。

　標準的なプロンプトでは、以上の例にみるように、ChatGPT の推論は極
めて雑である。特に、B が後日 A に対し 20 万円を交付したことのみをもっ
て、貸金の返済であると認定してしまっている。

【思考の連鎖プロンプト 1】

Prompt:

貸金返還請求が認められるためには、①金銭の授受と②返還の約束の 2
つの要件を満たすことが必要です。以下の具体例において、A の B に
対するいくらの貸金返還請求が認められるかを答えてください。
###
A は、2023 年 7 月 1 日、友人 B から、今月の銀行の返済に間に合わ
ないから、100 万円何とか用立ててほしいとお願いされた。A は
2023 年 7 月 6 日、B の銀行口座に 100 万円を振り込んだ。B は、
2023 年 8 月 31 日、A に対し、20 万円を手渡した。
###
まず、①の要件を満たすか否かを答えなさい。次に、②の要件を満たす
か否かを答えなさい。②の要件については、100 万何とか用立ててほ
しいという B の言葉の意味と、後日 A に 20 万円手渡した B の行為の
意味に着目して答えなさい。

まず、要件①の金銭の授受について考えましょう。

A は 2023 年 7 月 6 日に B の銀行口座に 100 万円を振り込んで
いますので、金銭の授受は行われました。したがって、要件①は満
たされています。

次に、要件②の返還の約束について考えましょう。

B が A に対して「100 万円何とか用立ててほしい」とお願いしたことを考慮します。これは明確な貸付の要求であり、B が A に対して返済義務を負っていることを示しています。A がこれに応じて100 万円を振り込んだことで、貸金返還の約束が成立しました。

また、後日 B が A に対して 20 万円を手渡したとの情報も与えられていますが、これは貸金返還請求には直接関係しません。この20 万円は別の取引や契約によるものかもしれませんが、上記の情報だけでは貸金返還の約束とはみなせません。

したがって、要件②の返還の約束も満たされています。

以上の考察から、A の B に対する 100 万円の貸金返還請求は認められます。

Prompt:
「用立ててほしい」とは、「ただでくれ」という意味であると解釈することもできるのではないですか?

 おっしゃる通り、「用立ててほしい」という表現は融通をお願いする場合に使用されることがあります。一部の場合では、「ただでくれ」という意味合いを持つこともあります。

ただし、与えられた文脈では、「今月の銀行の返済に間に合わないから、100 万円何とか用立ててほしい」という文言が含まれています。これにより、B は銀行の返済に間に合わせるために 100 万円の貸付を求めていることが明確に示されています。

その後、A が 100 万円を振り込むという行為が行われたことからも、B が返済のための貸付を要求し、A がそれに応えたという意思疎通が成立していることがわかります。

したがって、文脈から推測する限りでは、「用立ててほしい」という表現は「ただでくれ」という意味ではなく、貸付を求める意図を持っていたと解釈されます。

Prompt:

あなたが上記の結論にたどり着く際に、あなたが着目した単語を選択して、リストを作ってください。

Chat GPT
1. 「返済」
2. 「間に合わない」
3. 「用立ててほしい」
4. 「100万円」
5. 「振り込んだ」

これらの単語やフレーズを文脈と共に考慮し、Bが貸付を求めていることを推測しました。

【思考の連鎖プロンプト1】では、貸金返還請求権の成否を、①金銭の授受、②返還の約束という2つの要件に分割し、順を追って回答するよう指示した。それぞれの問題を回答する際に着目すべき点についても教示した。また、正しい答えに到達するよう、段階を追って問題解決に当たるように指示した。

上記の例では、思考の連鎖プロンプトにより、ChatGPT が step by step で、段階的かつ着実に推論を行う様子が示されている。

「用立ててほしい」という表現は、「（金銭を）貸してほしい」あるいは「立て替えてほしい」という意味もあるが、単に「（金銭を）準備してほしい」というだけで、「返済する」という意味合いなく使われることもあり得る。もっとも、最初の ChatGPT の回答は「明確な貸付の要求」と断定したため、次のプロンプトでは他の解釈もあり得ることを示唆した。すると、ChatGPT は、与えられた文脈に基づく推論の根拠を示した。まだ完璧な推論とは言い難いが、それでもかなり質の高い推論を達成できている。2つ目の ChatGPT の回答は、質の高い推論をさせるためには、詳細かつ具体的な事実関係を文脈としてプロンプトに挿入することが重要であることを示唆している。

なお、最後のプロンプトは、ChatGPT がどの言葉に着目して貸付と推論したかを明らかにさせたものである。プロンプト中のどの用語に着目したか、

あるいはいかなる根拠で結論に至ったかを ChatGPT に問い合わせることは、推論の正しさをチェックするのに有効である。

【思考の連鎖プロンプト 2】

Prompt:

貸金返還請求が認められるためには、①金銭の授受と②返還の約束の 2 つの要件を満たすことが必要です。

以下の具体例において、A の B に対するいくらの貸金返還請求が認められるかを答えてください。

###

A は、2023 年 7 月 1 日、友人 B から、今月の銀行の返済に間に合わないから、100 万円何とか用立ててほしいとお願いされた。A は 2023 年 7 月 6 日、B の銀行口座に 100 万円を振り込んだ。B は、2023 年 8 月 31 日、A に対し、20 万円を手渡した。

###

まず、100 万何とか用立ててほしいという B の発言は、法律的にどのような意味を持つかを答えなさい。その上で、①の要件を満たすか否かを答えなさい。

次に、後日 A に 20 万円手渡した B の行為は、法律的にどのような意味を持つかを答えなさい。その上で、②の要件を満たすか否かを答えなさい。

まず、B が A に対して「100 万円何とか用立ててほしい」と発言した場合、これは法律的には借金の要求を含んでいます。B は A に対し、金銭を貸してもらいたいという要望を表明しています。

次に、①の要件を満たすか否かを考えます。要件としては、「金銭の授受」とあります。具体的には、貸主（A）が借主（B）に対して 100 万円を貸し付けたことが必要です。

ここで、A は 2023 年 7 月 6 日に B の銀行口座に 100 万円を振り込んでいます。したがって、金銭の授受は行われており、①の要件は満たされています。

次に、後日 A に対して B が 20 万円を手渡した場合、これは返還の行為となります。B が借りた 100 万円の一部を返済したという

ことです。

しかし、この返済行為は返還の約束ではなく、借金の部分返済として行われたものです。BがAに対して、借金の完済を約束したわけではありません。したがって、②の要件である返還の約束は満たされていません。

まとめると、この具体例においては、①の要件（金銭の授受）は満たされていますが、②の要件（返還の約束）は満たされていません。したがって、AのBに対する貸金返還請求は認められるのは、借金の一部返済分である20万円のみとなります。

Prompt:

①について、「用立ててほしい」という言葉の意味は、友人間のやり取りであることを考慮すれば、単に準備することだけをお願いしたのであって、「タダでくれ」という意味合いを持つと解釈することも可能ではないですか？

ご指摘ありがとうございます。友人間のやり取りにおいては、文脈や関係性によって解釈が異なる場合があります。一般的には、「用立ててほしい」という表現は、金銭の貸し借りを含んでいることが一般的な解釈です。

ただし、友人間の場合には、「用立ててほしい」という表現が相手に金銭を無償で提供することを求める意味合いを持つこともあります。ですので、友人間の関係や会話の文脈によっては、「用立ててほしい」という言葉が単なる準備のお願いであり、返済を求める意図がない場合もあるかもしれません。

ただし、一般的な法的解釈に基づくと、借金を意味する表現であると解釈されることが多いです。したがって、法的な意味での解釈を行う場合、通常は「用立ててほしい」という言葉は金銭の貸し借りを意味するものと解釈されます。

ですので、友人間のやり取りにおいては、具体的な文脈や関係性によって解釈が異なる場合がありますが、法的な意味での解釈を行う場合は、通常は借金の要求を含んでいると解釈されます。

②について、あなたは、「これは返還の行為となります」、「この返済行為は返還の約束ではなく、借金の部分返済として行われたものです」と答えました。しかし、20万円手渡した行為は、全く別の取引によるものかもしれません。なぜ借金の部分返済だと断定できたのですか？

 おっしゃる通り、私の回答が断定的であったことをお詫び申し上げます。20万円を手渡した行為が具体的に何を意味するのか、その文脈については明確にされていませんでしたので、確定的な結論を導くことはできません。

20万円を手渡した行為が借金の部分返済であるかどうかを判断するには、その行為が行われた背景や合意内容などの詳細な情報が必要です。それに基づいて、その行為が借金の返済として行われたのか、それとも別の取引や支払いであったのかを判断することができます。

私の初期の回答では、文脈が不明確であったために、借金の返済と解釈しましたが、具体的な取引内容や合意事項によっては、別の解釈も考えられます。

したがって、正確な判断を下すためには、返済行為の背景や合意内容に関する追加情報が必要です。それによって、その行為が返還の約束に該当するのかどうかを適切に評価することができます。

　先ほどと同様の観点から指示をしたが、指示の内容・表現を少し変え、言動の法律的な意味を問うてみた。「具体的な文脈や関係性によって解釈が異なる場合があります」、「行為が行われた背景や合意内容などの詳細な情報が必要」といった回答は、より精緻な回答を引き出すためには背景や文脈に関する詳細な情報を与える必要があることを示している。

具体例2：　不作為による殺人罪の成否

【標準的なプロンプト：思考の連鎖なし】

> **Prompt:**
> 日本の刑法における殺人罪は、「人を殺した者は、死刑又は無期若しく
> は5年以上の懲役に処する。」と定めています。以下の具体例において、
> AのBに対する殺人罪が成立しますか？
> ###
> Aは、覚せい剤の注射により錯乱状態となった少女Bをホテルの客室
> に放置した。その後、Bはホテルの客室で死亡した状態で発見された。
> Bの死亡の原因は、覚せい剤による急性心不全であった。覚せい剤の注
> 射をAが行ったか、Bが行ったかは、証拠上不明である。
> ###

 日本の刑法における殺人罪は、「人を殺した者は、死刑又は無期若
しくは5年以上の懲役に処する。」と定められています。ただし、
具体的な刑罰は裁判所の判断によって決定されます。

提供された具体例では、Aが覚せい剤の注射により少女Bを錯乱
状態にし、ホテルの客室に放置した後にBが死亡したという状況
です。Bの死亡の原因は覚せい剤による急性心不全ですが、覚せい
剤の注射を行ったのがAなのか、B自身が行ったのかは証拠上不
明とされています。

この場合、Aに対する殺人罪が成立するかどうかは、証拠や詳細な
事情によって判断される必要があります。刑法上の殺人罪には、故
意や過失などの要素が含まれます。もしAが故意に覚せい剤の注
射を行い、それによってBの死亡が引き起こされたと証明されれ
ば、Aに対する殺人罪が成立する可能性があります。

しかしながら、証拠上不明である場合やAの行動が故意的ではな
いと判断される場合、殺人罪が成立しない可能性もあります。刑法
の解釈や判断は個別のケースによって異なるため、具体的な事案に
対しては法的な専門家に相談することが重要です。

標準的なプロンプトでは、以上の例にみるように、ChatGPT の推論は極めて雑である。罪責が成立するためには付加的な証拠や事情が必要であることを指摘したにすぎず、そもそも何らかの法的推論を行ったとも言い難い。

【思考の連鎖プロンプト 1】

Prompt:

日本の刑法における殺人罪は、「人を殺した者は、死刑又は無期若しくは 5 年以上の懲役に処する。」と定めています。
以下の具体例において、A の B に対する殺人罪が成立しますか？
ステップバイステップで考えてみましょう。
①まず、「放置した」、つまり「何もしなかった」という不作為の場合でも、「人を殺した」と評価できるのでしょうか？
②次に、A が放置したことを不作為による殺人と評価するためには、「何らかの期待された行為をしなかった」ことが必要ですが、この場合、「何らかの期待された行為」とは具体的にどのような行為でしょうか？
③さらに、B の死亡の結果が A の放置行為に起因するといえるためには、どのような条件が必要でしょうか？
###
A は、覚せい剤の注射により錯乱状態となった少女 B をホテルの客室に放置した。その後、B はホテルの客室で死亡した状態で発見された。B の死亡の原因は、覚せい剤による急性心不全であった。覚せい剤の注射を A が行ったか、B が行ったかは、証拠上不明である。
###

 日本の刑法における殺人罪の成立について、以下のステップで考えてみましょう。

①まず、「放置した」という不作為の場合でも、「人を殺した」と評価できるかどうかを考えます。殺人罪において、行為としての殺人だけでなく、不作為による殺人も成立する場合があります。不作為による殺人とは、特定の法定義務を履行せずに他人の生命を奪った場合を指します。

②次に、A が放置したことを不作為による殺人と評価するためには、「何らかの期待された行為をしなかった」ことが必要ですが、具体的にどのような行為が期待されるのか考えます。例えば、被害者の

救助を求める叫び声や明らかな状況下での救助行為が期待された場合、それをしなかったことが不作為による殺人とされる可能性があります。

③さらに、Bの死亡の結果がAの放置行為に起因するかどうかを考えます。Bの死亡の原因が覚せい剤による急性心不全であることがわかっています。しかし、覚せい剤の注射をAが行ったのか、B自身が行ったのかが証拠上不明であるとのことです。このため、Aの放置行為がBの死亡に直接的な因果関係を持つことが証明されない限り、Aに対する殺人罪の成立は困難です。

以上の要素を考慮すると、具体例においてはAのBに対する殺人罪の成立は明確ではありません。証拠上の不確かさや因果関係の証明の困難さから、Aに対する殺人罪を適用することは難しいとされる可能性があります。ただし、具体的な事件の詳細や法的な判断は、実際の裁判所の判断によって異なる場合があります。

Prompt:

AとBはホテルという密室にいて、Bが覚せい剤の影響で体調不良に陥っていたことを知っているのはAだけです。この場合、Bを放置したAは、不作為により殺人の実行行為を行ったと評価できますか？

 具体例における状況を考慮してみましょう。

AとBがホテルの密室にいて、Bが覚せい剤の影響で体調不良に陥っていることをAが知っている場合、Aの行動を評価するために以下の要素を考慮する必要があります。

1. Aの知識と意図：AがBの体調不良や危機的状況を認識していたかどうか、およびその知識に基づいて意図的に行動したかどうかが重要です。
2. 行動の選択肢：Aが取ることができた行動の選択肢や可能性も考慮する必要があります。例えば、救急車を呼ぶ、他の人に助けを求める、ホテルスタッフに報告するなどの行動が考えられます。
3. 不作為による殺人の要件：不作為による殺人を成立させるためには、Aに何らかの法定義務があったかどうかが重要です。

例えば、Ａが親権者、保護者、介護者などの特別な法的義務を負っている場合、それに違反して放置した場合に不作為による殺人が成立する可能性があります。

しかし、一般的には、親密な関係にある人々に対しても放置行為が直接的に不作為による殺人とされることは稀です。不作為による殺人の要件は厳格であり、通常は特定の法的義務や責任を負っている場合に適用されます（例：親子関係、保護者関係、医療従事者など）。

したがって、ＡがＢの体調不良を知りながら放置した場合でも、一般的には不作為による殺人と評価されることは少ないです。ただし、具体的な事案の詳細や判例法によって異なる可能性があります。したがって、この具体的なケースの法的判断は、裁判所によって行われるべきです。

Prompt:

あなたは、「Ａの放置行為がＢの死亡に直接的な因果関係を持つことが証明されない限り、Ａに対する殺人罪の成立は困難です。」と回答しましたが、Ａのどのような行為とＢの死亡の結果との間にどのような結びつきがあれば、因果関係を肯定できるのでしょうか？

 申し訳ありません、誤解を招くような表現を用いてしまいました。訂正いたします。

Ａの放置行為がＢの死亡に直接的な因果関係を持つことが証明される場合、Ａに対する殺人罪の成立が考えられます。因果関係の証明には、以下の要素が含まれる可能性があります。

1. 証拠：Ｂの死亡とＡの放置行為との間に因果関係があることを示す証拠が必要です。これには、医学的な診断、死因鑑定、目撃者の証言、物理的な証拠（例：ホテルの監視カメラ映像）、関連する文書や通信などが含まれます。
2. 直接的な因果関係：Ａの放置行為がＢの死亡を直接的に引き起こしたという証拠が必要です。例えば、Ｂが放置後に救助がなかったために急性心不全が進行し、死亡に至ったという因果関係が示される必要があります。
3. 予見可能性：ＡがＢの状態を予見し、予見可能な危険を無視

して放置したことが示されると、因果関係が強化される場合
があります。

以上の要素を総合的に考慮して、A の放置行為が B の死亡に直接
的な因果関係を持つことが証明される場合、A に対する殺人罪の成
立が考えられます。ただし、具体的な判例法や証拠の評価は、裁判
所の判断によって決定されるべきです。

Prompt:

「A が直ちに救急医療を要請していれば、おそらく B の救命が可能であ
ったであろう」という関係があれば、因果関係があるとみることはでき
ませんか？

おっしゃるような状況がある場合、A が直ちに救急医療を要請すれ
ば B の救命が可能であった可能性が高いとされるならば、そのよ
うな因果関係があると判断される可能性があります。このような場
合、A の放置行為が B の死亡に対して直接的な因果関係を持つと
考えられます。

ただし、裁判所がこのような因果関係を認定するためには、証拠と
して医学的な専門家の意見や診断結果などが重要になります。医学
的な専門家が、A が救急医療を要請すれば B の命を救うことがで
きたという見解を示すことが、因果関係の証明に役立つ可能性があ
ります。

因果関係の判断は、具体的な事案や証拠の評価によって異なること
があります。裁判所が証拠を総合的に考慮し、因果関係の有無を判
断することが求められます。以上の要素を考慮して、具体的なケー
スにおいて因果関係があるかどうかを判断するべきです。

　殺人罪の不真正不作為犯の成立要件の問題を、①不作為でも殺人罪が成立
するか、②不作為による殺人罪の成立要件である、保障人的地位に基づく作
為義務がどのような場合に認められるか、③不作為と結果との間の因果関係
がどのような場合に認められるか、という 3 つの中間ステップの問題に分割
した。思考の連鎖プロンプトでは、具体例 1 と同様、ChatGPT が step by
step で、段階的かつ着実に推論を行う様子が分かる。

　ただし、「A と B はホテルという密室にいて、B が覚せい剤の影響で体調

不良に陥っていたことを知っているのはAだけ」という事実から結論を導き出しているとはいえず、全体としては推論をしているというより、暗記している知識を吐き出しているだけという印象もある。

【思考の連鎖プロンプト2】

> **Prompt:**
>
> 日本の刑法における殺人罪は、「人を殺した者は、死刑又は無期若しくは5年以上の懲役に処する。」と定めています。
> 以下の具体例において、「AのBに対する殺人罪が成立するかどうか」について判断する際に、検討しなければならないこととしては、どのようなことがありますか？
> ###
> Aは、覚せい剤の注射により錯乱状態となった少女Bをホテルの客室に放置した。その後、Bはホテルの客室で死亡した状態で発見された。
> Bの死亡の原因は、覚せい剤による急性心不全であった。
> 覚せい剤の注射をAが行ったか、Bが行ったかは、証拠上不明である。
> ###

 「AのBに対する殺人罪が成立するかどうか」を判断する際には、以下の点を検討する必要があります：

1. 直接的な行為の関与：Aが覚せい剤の注射を行ったという証拠があれば、Aの行為は直接的な死因と関連しており、殺人罪の成立が考えられます。しかし、証拠上不明である場合、Aの直接的な行為による殺人罪は立証されにくくなります。

2. 間接的な行為の関与：Aが少女Bをホテルの客室に放置したという行為は、少女の安全を脅かす可能性があります。Bが覚せい剤の注射を自ら行った場合でも、Aの行為が死因に寄与した可能性があるかどうかを検討する必要があります。例えば、Aが救急措置を施すべき状況において放置したことで、Bの命を救える機会を逸したという場合、Aの行為が間接的に死因に関与していると考えられる可能性があります。

3. 因果関係の立証：Bの死因が覚せい剤による急性心不全であることが判明している場合、Aの行為が死因との因果関係を持つかどうかを検討する必要があります。覚せい剤の注射によりBの心不全が引き起こされた場合、Aの行為が死因との

因果関係を持つ可能性があります。ただし、他の要因が死因に影響を与えた可能性も排除できません。

上記の要素を総合的に考慮し、証拠の有無や因果関係の立証の可否などを判断することで、「A の B に対する殺人罪が成立するかどうか」を判断することが重要です。

Prompt:

2 の「間接的な行為の関与」という点について、詳しく教えてください。「A が救急措置を施すべき状況において放置したことで、B の命を救える機会を逸したという場合」であれば、不作為による殺人罪が成立する可能性があるといえますか？

はい、一般的に言えば、A が救急措置を施すべき状況において放置し、その結果として B の命を救える機会を逸した場合、不作為による殺人罪（不作為殺人）が成立する可能性があります。不作為殺人は、直接的な行為ではなく、不作為や義務を怠ることによって他人の命を奪う場合に適用される場合があります。

不作為殺人にはいくつかの要件が存在します。具体的には以下のような要件が考慮されますが、刑法の規定や判例によって異なる場合がありますので、注意が必要です。

1. 救助義務：A が B に対して救助義務を負っていた場合、その義務を怠ることが不作為とされます。一般的に、法律や一定の特別な関係（例：医療従事者と患者、保護者と子供など）に基づいて、救助義務が認められる場合があります。
2. 死亡結果の予見可能性：A が B を放置したことによって、B の死亡結果が予見可能であることが必要です。つまり、A が合理的に B の死亡を予測することができた場合、不作為殺人の成立が考えられます。
3. 適切な救助の機会：A が適切な救助措置を施すことで B の命を救える機会があった場合、その機会を逸したことが不作為とされます。適切な救助の機会が存在するかどうかは、具体的な事案の状況によって判断されます。

上記の要件を満たす場合、A が救急措置を施すべき状況において放置し、結果として B の命を救える機会を逸したとされれば、不作

為殺人罪の成立が考えられます。ただし、刑法の解釈や国によって異なる可能性があるため、具体的な事案においては法律の専門家に相談することが重要です。

Prompt:
1の「救助義務」について、詳しく教えてください。AとBはホテルという密室にいて、Bが覚せい剤の影響で体調不良に陥っていたことを知っているのはAだけです。この場合、Bを放置したAは、他にどのような事実があれば、不作為により殺人の実行行為を行ったと評価できますか？

「救助義務」は、一般的な状況において他人を救助する義務があるかどうかを指します。以下の要素を検討することで、Aに対する救助義務の有無を判断することができます。

1. 特別な関係の存在：AとBの関係が特別な関係に該当する場合、救助義務が発生する可能性があります。例えば、医療従事者と患者、保護者と子供などの関係では、一定の救助義務が認められることがあります。
2. 危険の創出者：AがBに危険を創出した原因となった場合、救助義務が発生する可能性があります。覚せい剤の注射を行ったのがAであり、その結果、Bが体調不良に陥った場合、Aは危険の創出者とみなされる可能性があります。
3. 合理的な救助の機会：Aが合理的かつ安全な方法で救助を行う機会があった場合、救助義務が発生する可能性があります。ホテルが密室であるとしても、例えばホテルスタッフや警察に連絡し、救助を要請することができる可能性があります。

ただし、救助義務の存在は国や地域によって異なる場合がありますし、具体的な事案によっても異なる解釈がされることがあります。また、刑事事件においては、法律の解釈や判例、裁判所の判断によって評価が変わることもあります。

したがって、AがBを放置した場合に不作為による殺人の実行行為を行ったと評価するためには、救助義務の有無だけでなく、具体的な事案の証拠や関連する法律の解釈を考慮する必要があります。法的なアドバイスや評価を行うには、弁護士や法律の専門家に相談することをおすすめします。

Prompt:

次に、「因果関係の立証」について議論します。あなたは、「Aが救急措置を施すべき状況において放置したことで、Bの命を救える機会を逸したという場合、Aの行為が間接的に死因に関与していると考えられる可能性があります。」と回答しました。「Aが直ちに救急措置を施していれば、おそらくBの救命が可能であったであろう」という関係があれば、Aが放置したという不作為とBの死亡との間に因果関係があると判断できますか？ あるいは、他にどのような事実があれば、因果関係があると評価できますか？

因果関係の立証においては、以下のような要素を考慮する必要があります。

1. 直接因果関係：Aの放置が直接的にBの死因と関連しているかどうかを検討する必要があります。つまり、Aが直ちに救急措置を施していれば、Bの救命が可能であった可能性があるかどうかを判断します。ただし、因果関係の立証はしばしば困難であり、直接的な因果関係を証明することは容易ではありません。

2. 別の要因の排除：他の要因がBの死因に影響を与えた可能性を排除する必要があります。例えば、Bが覚せい剤を自ら摂取した場合、その摂取がBの死因と関連している可能性があります。Aの放置とBの死因との因果関係を立証するためには、他の要因の影響を排除するための証拠が必要です。

3. 予測可能性：Aが放置したことによってBの死亡結果が予測可能であるかどうかも検討します。Aが合理的にBの死亡を予測することができた場合、因果関係の立証に寄与する可能性があります。

因果関係の立証は、具体的な事案の証拠や状況に依存します。証拠や専門家の意見、関連する法的要件や判例などを総合的に考慮する必要があります。

したがって、「Aが直ちに救急措置を施していれば、おそらくBの救命が可能であったであろう」という関係があれば、Aの放置した不作為とBの死亡との間に因果関係があると判断することができます。しかし、因果関係を立証するためには他の要因の排除や予測可能性の検討が必要です。具体的な事案においては、証拠や法的な判断を行うためには専門家の助言や関与が重要です。

殺人罪の成否を判断する際に検討すべき事項を列挙させるという、オープンクエスチョンの形式で検討事項を列挙させた後、段階を追って、不作為の殺人罪成立に必要な作為義務（救助義務）の問題、不作為と結果との間の因果関係の問題について議論をした。

　【思考の連鎖プロンプト1】とはアプローチの仕方がやや異なっているが、検討に必要な論点は一応網羅できている。ただし、「AとBはホテルという密室にいて、Bが覚せい剤の影響で体調不良に陥っていたことを知っているのはAだけ」という事実から結論を導き出しているとはいえない点は、【思考の連鎖プロンプト1】と同様である。

具体例3： SEO 対策の契約と解除

【標準的なプロンプト・思考の連鎖なし】

> **Prompt:**
>
> 以下の事案において、Aからの法律相談に対し、回答してください。
> ###
> Aは、SEO 対策業者Bとの間で、半年前に SEO 対策の契約を行ったが、一向に検索順位が上がらず、むしろ悪化している。Bの営業担当者は、契約時には、間違いなく検索順位が上がると言っていた。契約時にBの営業担当者から説明された内容と異なるので、Bとの契約を解約したいが、解約できるか？契約書には「SEO 対策の効果については保証しない」という旨の記載がある。
> ###

 Aさん、契約書に「SEO 対策の効果については保証しない」という記載がある場合でも、あなたがB社との契約時に受けた説明と契約書の内容が異なる場合、一部のケースでは解約が可能な場合があります。ただし、解約できるかどうかは、具体的な契約内容と地域の法律によって異なる可能性があります。

以下は一般的な情報であり、法的なアドバイスではありません。あなたの状況に応じて、弁護士や専門家に相談することをおすすめします。

まず、契約書に記載されている「SEO 対策の効果については保証しない」という条項は、B 社が SEO の結果を保証しないことを意味します。しかし、契約時の営業担当者が明確に検索順位の上昇を保証したという証拠や文書がある場合、この保証に関する記述との間で矛盾が生じる可能性があります。

契約時の口頭での約束や営業担当者の説明は、契約書の一部として取り扱われることがあります。そのため、契約書に明示的な保証がない場合でも、営業担当者の約束が契約の一部と見なされる可能性があります。ただし、証拠の提出や契約書の解釈に関しては、具体的な法的な助言が必要です。

したがって、解約の可否は契約書の具体的な内容や地域の法律に依存するため、契約書を再度確認し、地元の法律事務所や弁護士に相談することをおすすめします。彼らはあなたの状況を詳しく把握し、適切なアドバイスを提供することができます。

営業担当者の説明と実際の SEO 対策の効果が食い違っていることは正しく指摘できているが、それ以外の多角的検討が全くできていない。

【思考の連鎖プロンプト】

> **Prompt:**
> 以下の事案において、A からの法律相談に対し、回答してください。
> ###
> A は、SEO 対策業者 B との間で、半年前に SEO 対策の契約を行ったが、一向に検索順位が上がらず、むしろ悪化している。B の営業担当者は、契約時には、間違いなく検索順位が上がると言っていた。契約時に B の営業担当者から説明された内容と異なるので、B との契約を解約したいが、解約できるか？契約書には「SEO 対策の効果については保証しない」という旨の記載がある。
> ###
> ステップバイステップの方法で検討しましょう。
> ①　上の契約書の記載のみによれば、契約の解約は可能ですか？
> ②　契約書に「SEO 対策の効果については保証しない」と書いてある場合、B は、効果が出なかったことに対し一切責任を負わないことになりますか？

③　他にどのような事情があれば、Bとの契約の解約が有効と認定されるための有効な材料となりますか？

 ①　契約書の記載のみによれば、契約の解約は可能ですか？

契約書に「SEO対策の効果については保証しない」という旨の記載がある場合でも、契約の解約可能性は契約書の他の条件や法的な規定によって影響を受けます。契約書の他の条項や法律上の規制によって、一方的な解約が制限される場合があります。

解約可能性を判断するためには、契約書の他の条項や関連する法律を確認する必要があります。特に、契約期間や解約条項、違約金についての記載があるかどうかを確認してください。また、国や地域によって異なる法的規制があるため、詳細なアドバイスを得るために地元の弁護士に相談することをおすすめします。

②　契約書に「SEO対策の効果については保証しない」と書いてある場合、Bは、効果が出なかったことに対し一切責任を負わないことになりますか？

契約書に「SEO対策の効果については保証しない」という旨の記載がある場合、Bは一般的には効果が出なかったことに対して一切責任を負わない可能性があります。このような保証否認条項は、Bの責任を制限するために一般的に使用されます。

ただし、一般的な契約法や消費者保護法の下では、保証否認条項が法的に有効であるかどうかは、具体的な状況や法的な規制によって異なります。例えば、Bが虚偽の陳述や誤解を招くような行為を行っていた場合、消費者保護法に違反する可能性があります。

契約書の他の条件や地域の法律に基づいて、Bの責任や保証の範囲を判断するためには、具体的な契約内容や詳細な法的アドバイスが必要です。

③　他にどのような事情があれば、Bとの契約の解約が有効と認定されるための有効な材料となりますか？

Bとの契約の解約が有効と認定されるための具体的な事情は、契約法や地域の法律によって異なります。以下は一般的な事情の例です

が、具体的なアドバイスを得るためには地元の弁護士に相談することをおすすめします。

・B が契約書の内容や法的義務に違反している場合：契約書に定められた条件や義務に従わない行為が明確に認められる場合、契約の違反が解約の正当な理由となる可能性があります。
・B が虚偽の陳述や誤解を招くような行為を行っていた場合：契約締結時に B の営業担当者が虚偽の陳述や誤解を招くような説明をしていた場合、それが解約の正当な理由となる場合があります。
・B の業務不備や専門知識の欠如：B が契約に基づく業務を適切に履行していない場合、または専門知識の欠如によって契約の目的が果たされなかった場合、解約の正当な理由となる可能性があります。

これらは一般的な例であり、具体的な状況や契約書の内容によって異なる場合があります。契約書や関連する法律を詳細に調査し、地元の弁護士に相談することが重要です。

　営業担当者の説明と実際の SEO 対策の効果が食い違っていること以外にも、契約書の他の条項とその義務違反の有無を確認すべきことや、SEO 対策の専門知識の不足や専門業者としての善管注意義務違反の有無を確認すべきことを指摘できている。

具体例 4：　殺人罪と因果関係

【標準的なプロンプト：思考の連鎖なし】

> **Prompt:**
>
> 以下の事例において、X に殺人罪が成立するか否かを答えなさい。
> ###
> X は殺意をもって A に日本刀で切りつけ重傷を負わせた。A は治療を受けるため救急車で運ばれたが、病院に向かう途中で救急車が交通事故に遭い、そのために A は死亡した。
> ###

X について、殺人罪が成立するか否かを判断するためには、以下の要素を考慮する必要があります。

1. 殺意の有無：X が殺意を持って A に日本刀で切りつけたことが明確に示されています。したがって、殺意の要件は満たされています。
2. 因果関係：X の行為によって A が重傷を負ったことが示されています。しかし、その後の救急車の交通事故によって A が死亡したため、直接的な因果関係は切断されています。

上記の事例において、X は殺意を持っていたとされていますが、A の死亡は救急車の交通事故によるものです。そのため、一般的には殺人罪ではなく、意図的な傷害罪やその他の過失致死罪などが考えられます。

ただし、具体的な法的判断は裁判所によって行われるべきです。刑法の解釈や裁判所の判断によって異なる結果が生じる可能性があるため、この回答は一般的な見解であり、具体的な刑法の適用は法的な専門家に相談する必要があります。

　標準的なプロンプトでは、ChatGPT の推論は極めて雑である。刑法問題において、事実の客観面→主観面の順序で検討するという基礎的な事項ができていない。また、X が日本刀で切りつけた行為を全く評価せずに傷害罪が検討の対象となると述べている。また、直接的な因果関係は切断されていると述べながら過失致死罪が検討の対象となると述べるなど、やや矛盾した部分もある。

【思考の連鎖プロンプト】

Prompt:

以下の事例において、X に殺人罪が成立するか否かを答えなさい。
###
X は殺意をもって A に日本刀で切りつけ重傷を負わせた。A は治療を受けるため救急車で運ばれたが、病院に向かう途中で救急車が交通事故に遭い、そのために A は死亡した。

###
ステップバイステップで考えてみましょう。
① X は殺人の実行行為をしたといえますか？
② X が日本刀で切りつけた行為と、A の死亡との間には、救急車の交通事故という介在事情が存在しています。この場合、X の行為と A の死亡との間に因果関係があるといえますか？
③以上で検討したことを踏まえて、X の罪責を論じなさい。

 この事例において、X に殺人罪が成立するか否かを考えてみましょう。

① X は殺人の実行行為をしたといえますか？　はい、X が日本刀で A に切りつけ、A に重傷を負わせたことから、X は殺人の実行行為を行ったといえます。

② X が日本刀で切りつけた行為と、A の死亡との間には、救急車の交通事故という介在事情が存在しています。この場合、X の行為と A の死亡との間に因果関係があるといえますか？　この場合、救急車の交通事故は介在事情ですが、それによって A が死亡したとされる場合でも、X の行為と A の死亡との間に因果関係があると言えます。X の切りつけによって A が重傷を負い、治療を受けるために救急車で病院に運ばれたが、その途中で交通事故に遭い死亡したという経緯があるからです。したがって、X の行為が A の死亡に対して重要な要因となっています。

③以上で検討したことを踏まえて、X の罪責を論じます。X は殺意を持って A に切りつけ、その結果 A が死亡したと考えられます。救急車の交通事故が介在したものの、X の行為が A の死亡に因果関係を持っていることがわかっています。したがって、この事例では X に殺人罪が成立する可能性があります。ただし、具体的な判断は法的な手続きや証拠の検討によってなされるべきです。

Prompt:
刑法上の因果関係は、行為者の行為が結果を発生させる危険性を持ち、その行為が危険を具現化させたと判断される場合に、認められるものです。この観点から、あなたの推論には 2 つの問題点があります。
###
 1. A が負った傷の程度は考慮されないのですか？つまり、X が日本

刀で切りつけた傷の程度がＡを死に至らしめる程でなかったとしても、Ｘに殺人罪が成立してしまうのですか？
2. 直接の死因となった救急車の交通事故というのは、極めて稀な事情です。このような稀な事情が介在した場合、Ｘの行為がＡの死の結果を具現化させたとは言い難いのではないですか？
###
あなたの推論に対する以上の批判を考慮して、Ｘの行為とＡの死亡の結果との間に因果関係が認められるかを再度検討しなさい。

 申し訳ありません、先ほどの回答において不適切な解釈や不正確な情報が含まれていました。以下、修正された回答を提供します。

Ｘの行為とＡの死亡との因果関係を検討する際には、刑法上の要件や通常の因果関係の原則を考慮する必要があります。

1. Ａが負った傷の程度は考慮されるべきです。一般的に、殺人罪の成立には、行為者の行為が死亡に至るような重大な結果をもたらす危険性が要求されます。もしＸの切りつけによる傷がＡを死に至らしめるほど深刻でなかった場合、殺人罪が成立する可能性は低くなります。刑法上では、傷害罪など他の適用可能な罪状が考慮されることになるでしょう。
2. 直接の死因となった救急車の交通事故が極めて稀な事情である場合、Ｘの行為とＡの死亡との間の因果関係を厳密に判断する必要があります。因果関係は通常、行為者の行為が結果を発生させる危険性を持ち、その行為が結果を具現化させたと判断される場合に認められます。救急車の交通事故が稀な事情である場合、それがＡの死に重要な要因であるかどうかは慎重に検討されるべきです。もし、救急車の交通事故が予測不可能で避けられない事態であり、Ｘの行為によって引き起こされる予見性がなかった場合、Ｘの行為がＡの死亡との因果関係を具現化させたとは言い難いでしょう。

このように、具体的な事例における因果関係の判断は法的な専門知識と証拠の検討に基づくべきです。以上の情報を考慮して、Ｘの行為とＡの死亡との間の因果関係について、法的な判断がなされるべきです。

Prompt:

あなたの推論をまとめると、以下のとおりになりますでしょうか？
###
1. Xが日本刀でAを切りつけた行為が、Aを死に至らせるほどの傷を負わせるものでなかったか、あるいはAに瀕死の重傷を負わせる程度のものであったかによって、Xの行為とAの死亡の結果との因果関係の有無の判断は変わる。
2. Xが日本刀でAを切りつけた行為が、Aに瀕死の重傷を負わせる程度のものであった場合は、救急車の交通事故という稀な事情があっても、因果関係が肯定される。
3. Xが日本刀でAを切りつけた行為が、Aを死に至らせるほどの傷を負わせるものでなかった場合は、救急車の交通事故がAの決定的な死因であるとして、因果関係が否定される。

はい、まとめると以下のようになります。

1. Xが日本刀でAを切りつけた行為がAを死に至らせるほどの重傷を負わせるものであった場合、Xの行為とAの死亡の結果との因果関係が考慮されます。傷の程度が重大でない場合、殺人罪の成立は難しい可能性があります。
2. Xが日本刀でAを切りつけた行為がAに瀕死の重傷を負わせる程度のものであった場合、救急車の交通事故という稀な事情が存在しても、因果関係が肯定される可能性があります。行為者の行為がAの死亡に重要な要因となっていると判断されるからです。
3. Xが日本刀でAを切りつけた行為がAを死に至らせるほどの重傷を負わせるものでなかった場合、救急車の交通事故がAの決定的な死因であるとして、因果関係が否定される可能性があります。Xの行為がAの死亡に直接的な影響を与えなかったとされるからです。

以上のように、Xの行為とAの死亡との間の因果関係は、Xの行為の性質や結果の重大性、他の介在事情などの要素によって判断されるべきです。

　思考の連鎖プロンプトでは、事実の客観面→主観面の検討順序を守っている。XがAを日本刀で切りつけた状況や傷害の程度を詳しく入力しなかったためか、殺人罪の実行行為性をやや安易に認定している。また。救急車の

交通事故という稀な事情が介在しているにもかかわらず、安易に因果関係を認定してしまっている。この点を次のプロンプトで指摘したところ、議論を正しい方向に修正している。また、刑法上の因果関係について本文中学習（in-context learning）していることも窺われる。

具体例5： 継続的供給契約解除の要件

以下の民法の論述問題に回答してください。
###
製品メーカーA社は、B社に対してある製品を継続的に供給することを内容とする契約を締結しました。契約によれば、A社はB社に対して毎月決まった数量の製品を供給する義務を負っていました。しかし、A社は最初の3年間は契約通りに製品を供給しましたが、4年目からしばしば製品の供給が遅れ、あるいは決められた数の製品を供給できないことがありました。B社はA社に対して、契約違反を理由に契約を解除したいと考えています。
① この場合に生じる法律問題を挙げてください。
② 契約解除が無効となる場合がありますか？
###
ステップバイステップで考えてみましょう。
まず、契約の解除が有効となる要件について、単発の契約と継続的な契約で違いはありますか？

契約の解除が有効となる要件について、単発の契約と継続的な契約では一般的に違いがあります。

単発の契約の場合、一度の取引に関する契約違反が生じた場合、相手方は通常、契約を解除する権利を有します。契約違反が重大なものであれば、相手方は即座に解除できる可能性があります。また、重大な契約違反がなくても、相手方は一定の猶予期間を与え、その期間内に問題が解決されなければ解除できる場合もあります。

一方、継続的な契約の場合、通常は相手方に対して一定の猶予期間を与えることが求められます。これは、一度の契約違反が契約全体の履行の一部に過ぎない場合でも適用されます。相手方には、契約

違反を是正する機会が与えられ、その期間内に問題が解決されなければ解除が可能となる場合があります。

以上のように、単発の契約と継続的な契約では、契約違反に対する猶予期間や解除の要件に違いが生じる場合があります。ただし、具体的な契約の条件や国の法律によって異なる場合もあるため、詳細な要件を判断するには、該当する国の法律や契約書の内容を確認する必要があります。

Prompt:

継続的な契約について、解除の要件が加重される理由は何ですか？

 継続的な契約において解除の要件が加重される理由は、以下のような要素が考えられます。

1. 長期にわたる関係性の維持：継続的な契約では、通常は長期にわたる取引関係や協力関係が築かれます。このような関係性は、双方にとって利益や機会をもたらすことがあります。契約の解除は、このような関係性の維持を脅かすこととなります。そのため、解除の要件が厳格化され、一時的な契約違反や問題に対しても猶予期間が与えられる場合があります。
2. 取引の合理的な安定性の確保：継続的な契約は、安定した供給や受け入れを前提としています。取引相手は、契約通りの製品供給や支払いが継続されることを期待して契約を締結します。解除の要件を厳格化することで、不当な解除や一時的な問題による契約の不安定化を防ぎ、取引の合理的な安定性を確保することが求められます。
3. 長期契約に伴うリスクの分散：継続的な契約は、通常は長期間にわたる取引や投資を伴います。契約の解除は、双方にとって経済的な影響を及ぼす可能性があります。解除の要件を加重することで、リスクを分散し、契約当事者が適切な対策や措置を講じることが期待されます。

これらの要素により、継続的な契約において解除の要件が加重される場合があります。ただし、具体的な国や地域の法律や契約書の内容によっても異なるため、詳細な要件を判断するには、該当する法律や契約書を確認する必要があります。

今のあなたの回答の内容を考慮して、先ほどの①と②の問題に回答して
ください。

 もちろんです。先ほどの問題に基づいて、以下に回答を提供します。

① この場合に生じる法律問題を挙げてください。

この場合、生じる可能性のある法律問題は以下の通りです。

- 契約違反の問題：Ａ社が契約通りに製品を供給できないことに
  より、Ｂ社はＡ社の契約違反を主張する可能性があります。Ｂ
  社はＡ社に対して製品供給の遅延や数量不足による損害賠償
  を求めるか、契約解除を検討するかもしれません。
- 契約解除の問題：Ｂ社が契約を解除する場合、契約解除が適法
  かどうかが問題となります。Ｂ社は契約違反の重大性や猶予期
  間の有無などを考慮し、契約解除の根拠を持つ必要があります。

② 契約解除が無効となる場合がありますか？

契約解除が無効となる場合があります。以下にいくつかの可能性を
挙げますが、具体的な国や地域の法律や契約の内容によって異なる
ため、詳細な要件を判断するには該当する法律や契約書を確認する
必要があります。

- 契約書に猶予期間が明記されている場合：契約書に猶予期間が
  明示されており、Ａ社がその期間内に問題を解決する場合、Ｂ
  社の契約解除は無効となる可能性があります。

- 契約違反が軽微な場合：Ａ社の製品供給の遅延や数量不足が軽
  微な場合、Ｂ社の契約解除は無効とされる可能性があります。
  ただし、何が軽微な違反とみなされるかは具体的な状況や国や
  地域の法律によって異なります。

- 解決のための合理的な努力がなされた場合：Ａ社が問題を解決
  するために合理的な努力を行い、Ｂ社に対して製品供給の改善
  策や妥当な補償を提案した場合、Ｂ社の契約解除は無効とされ
  る可能性があります。

> 上記の回答は一般的な法的考え方に基づいており、具体的な状況によって異なる場合があります。したがって、この問題に関連する法律や契約書の内容を適切に評価するためには、法的な助言を専門家に求めることが重要です。

　思考の連鎖を、一つのダイアログ・フォルダの中で、対話形式にて行った例である。単発的契約と継続的契約の違いという最初の質問に対しては意図した回答を得られなかった。そのため、聞き方を変えて、継続的契約の解除の要件が加重される理由を問うてみたところ、継続的供給契約の特性をよく捉えた回答が生成された。そこで、当該回答に基づきあてはめをさせてみたところ、厳密さには欠けるものの、継続的供給契約の特性を踏まえた回答が得られた。

4　思考の樹木（Tree-of-Thought：ToT）

(1)　自己回帰型（auto-regressive）LLMs の限界について

　ChatGPT のような LLMs は、「自己回帰型（auto-regressive）大規模言語モデル」といって、次のトークン（≒単語）を予測するために前に生成されたトークンを利用する手法である。次々と逐次的に出力されるトークンが過去に出力されたトークンに依存するが故に、後の方に出力されたトークンに基づき前の方に出力されたトークンを修正することが必然的になし得ないモデルである。

　このような性質を持つ自己回帰型 LLMs については、推論におけるいくつかの限界が指摘されている。まず、論理的な推論（帰納的推論：inductive reasoning、演繹的推論：deductive reasoning、仮説的推論：abductive reasoning[21]）において、特定の論理ルールや抽象的な推論が理解できず、推論タスクにおいて高い精度を達成できない場合がある。特に、

21）　仮説的推論（abductive reasoning）とは、限定された情報、不完全な情報、曖昧な情報に基づき、何らかの仮説・説明を形成するタイプの推論である。徴候や手がかりから、最ももっともらしい説明を構築する。

ChatGPT は、帰納的推論（induction）が苦手であるとする報告もある[22]。次に、カウンターファクチュアルな推論（反実仮想的な仮定条件の下で、事象の結果を予測する推論）にも限界があるとされる。自己回帰型 LLMs では、あるトークンの条件を仮想的な条件に変更した場合において、当該条件の変更が、相互に影響し合う他のトークンに及ぼす影響を適切に捉えることが困難である上、変更条件に従って過去に生成されたトークンを修正することができないという生成の順序の問題があるからである。

この生成の順序とも関連する問題で、予測の方向性が一方通行的ないし単線的であって、「とりあえず単語を逐次生成し、行き詰まって取返しが付かなくなっても、前の単語に戻って結果を修正することができない」ことに由来する問題も指摘されている。

例えば、GPT-4 を用いた実験において、「最後の一文と最初の一文が同じ単語からなり、かつその語順が逆になるようなショートポエムを生成しなさい。その際、語順を逆にしても文法的に正しく、かつ意味が通るようにストーリーを構成しなさい」という制約付きコンテンツ生成のタスクを与えたところ、うまく生成できなかった結果が報告されている[23]。この実験では、別途 CoT プロンプトを与え、最初の一文の語順を逆にしても意味が通るような文章を生成するための計画を立てさせたが、それでもうまくいかないので、「短い文章を生成してはどうか？」、あるいは「語順を逆にしても意味が通る名詞－動詞－名詞を含む文章を探してはどうか？」と提案したが、やはりうまくいかなかった。

このような自己回帰型の LLMs は、視点が「後ろ向き」である[24]（先読みができない）ために計画を立てられない、行きつ戻りつといった形で推論を行うことができないため、CoT のような応用的なプロンプトによっても所

22）　J. L. Espejel, E. H. Ettifouri, M. S. Y. Alassan, E. M. Chouham, W.Dahhane (2023)."GPT-3.5 vs GPT-4: Evaluating ChatGPT's Reasoning Performance in Zero-shot Learning". P.7 (https://arxiv.org/pdf/2305.12477.pdf)

23）　S. Bubeck et al. (2023). "Sparks of Artificial General Intelligence: Early experiments with GPT-4". P.79-80 (https://arxiv.org/pdf/2303.12712.pdf)

24）　LLMs が生成する回答が、過去にプロンプトとして入力した文章と過去に生成された単語列にのみ依存するという意味である。

望の結果を生成できないという限界がある。これを克服する可能性があるパラダイムが、⑵で紹介する思考の樹木（Tree-of-Thought; ToT）である。

　以下で説明する思考の樹木（Tree-of-Thought: ToT）は、執筆時点における生成 AI の最先端の技術水準について簡単に紹介すること、執筆時点では最先端の技術水準においてプロンプト・エンジニアリングを駆使しても、法律実務や事件処理において業務での使用に堪える水準の法的推論を含む文書生成までは不可能であることを、その概要だけでも紹介することを目的とした項目である。

　抽象的・理論的な事項よりも具体的な利活用の方法に興味がある読者は、本項を飛ばして次項の５ないし第５章に進んでいただいても結構である。最先端の技術水準に興味がある読者には是非読んでいただき、「思考の樹木」の概要だけでも知っておいていただきたい。

⑵　思考の樹木（Tree-of-Thought: ToT）とは

　大規模言語モデル（LLMs）は、直前のトークン列に基づきトークン列を逐次的に生成するものであり、後戻りして前のトークン列の内容に修正を加えることはできない。つまり、大規模言語モデルは、局所的には、思考プロセス内の異なる経路（選択肢）を探索しない。また、大局的・全般的には計画や異なる経路（選択肢）を評価するためのフィードバック機能を組み込んでいない。それゆえ、探索、戦略的な先読み、最初の判断が極めて重要な推論タスクに対し、言語モデルは十分な性能を示すことが難しい。また、このような推論方法は、導出過程に誤りがあったり、行き詰まったりすると、前のステップに戻って別の方法を試行錯誤により模索するという人間の思考プロセスとも合致しない。以上のことは、推論を要する問題に対し最終的な解答を得るための、首尾一貫した一連の中間的な推論ステップを、逐次的、単線的に行う CoT においても同様である。

　そこで、最近では、「思考の束」（＝問題解決に向けた中間ステップとして機能する複数のテキスト）間での探索を可能にする新たな手法が提案されている。「思考の樹木」（Tree-of-Thought: ToT）（以下、「ToT」という。）という、言語モデルが思考に対する複数の推論経路を探索できるようにするパ

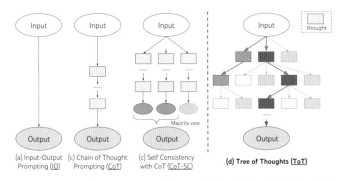

Figure 1: Schematic illustrating various approaches to problem solving with LLMs. Each rectangle box represents a *thought*, which is a coherent language sequence that serves as an intermediate step toward problem solving. See concrete examples of how thoughts are generated, evaluated, and searched in Figures 2,4,6.

出典：S. Yao et al.（2023）. p. 2

ラダイムである[25]。ToT は、複数の異なる推論経路を考慮し、次の行動方針を決定するための選択肢を自己評価し、さらに必要に応じて行きつ戻りつを繰り返して大局的な判断を行うという一連の計画プロセスを経て、より思慮深い意思決定を行うことを目的とした手法である。

　ToT の具体例としては、以下の4つの問いに答えるというものである。

① どのようにして中間プロセスを思考ステップに分解するか

② どのようにして複数の状態から潜在的な思考を生成するか

③ 複数の状態をどのように評価し、探索すべき状態の探索順序をどのように決定すべきか

④ ツリー構造に応じてどのような探索アルゴリズムを使用すればよいか

　ToT アプローチは、問題解決の各ステップにおいて、実現可能な複数の計画を同時に吟味し、その中で最も有望な計画を進めていくことで、既存の計画策定を拡張する手法である。思考サンプリングと価値評価フィードバックの統合により、計画と意思決定のメカニズムを有機的に統合するものであり、最終的な問題解決に向けた思考の樹木内での効果的な探索が可能となるとされている。S. Yao ら（2023）は、ToT アプローチを用いて、計画・探索を

25)　S. Yao et al.(2023). "Tree of Thoughts: Deliberate Problem Solving with Large Language Models". (https://arxiv.org/pdf/2305.10601.pdf)

必要とする非自明な3つの新しいタスクにおいて、言語モデルの問題解決能力を著しく向上させたと報告している。また、この手法によれば、強化学習、すなわち専用の報酬モデルや政策モデルの学習が不要となり、大規模言語モデルそのものだけで、意思決定のための価値の推定が可能となるとしている。

5 複雑かつ高度な法的推論の過程について ～なぜ現水準の大規模言語モデルでは的確な法的推論が難しいのか？

⑴　法的推論における法的三段論法について

　法的推論の過程はいわゆる法的三段論法といわれるものである。法律の条文の多くは、法律要件と法律効果の形で規定されている。法律要件を規定した条文の文言が抽象的であったり（規範的要件）、曖昧であったりすることから、条文を解釈する必要がある。法律の条文を解釈する際には、最高裁判例・下級審判例や学説を参照する。つまり、三段論法の大前提である法令の条文に要件として書かれた文言は、判例や学説等を用いた解釈により、具体的なルールの形に落とし込む必要がある。

　小前提である認定事実については、民事訴訟における要件事実を例として説明する。刑事裁判でも基本的な考え方は同様である。要件事実とは、実体法上の権利を発生・変更・消滅させるのに必要な法律要件に該当する具体的事実である[26]が、ここでは民事訴訟法上の概念である主要事実とほぼ同義と考えてよい。規範的要件については、これを基礎付ける具体的な事実が要件事実となる。要件事実は、直接証拠から認定されることもあるが、多くの場合は、間接証拠から認定される間接事実による推認という形をとって認定される[27]。直接証拠から要件事実を認定する場合や、間接証拠から間接事実を

26）　伊藤滋夫著『事実認定の基礎　裁判官による事実判断の構造〔改訂版〕』（有斐閣、2020）16頁
27）　直接証拠とは、直接に争いのある主要事実を証明するための証拠である。間接証拠とは、争いのある主要事実の証明に間接的に役立つ証拠であり、あるいは、主要事実を経験則上推認させる徴表である事実や直接証拠の証拠力に影響を及ぼす補助事実を証明するための証拠をいう。

認定する場合には、証拠を評価する必要がある。例えば、争いのない事実、種々の間接事実、証拠から、自由心証主義や経験則等を適用して、契約書の文言を解釈したり、証言や当事者の供述の信用性を評価したりする作業がこれに該当する。これらの作業によって、小前提である事実の認定を行う。ここでも、解釈や評価といった作業を要する。

　結論については、小前提である「認定事実」が、大前提である「法令の条文の要件」に該当するか否かを判断して決定する。これを法令の適用（あてはめ）という。すなわち、法令の適用（あてはめ）は、認定事実の法律要件該当性の判断である。認定事実が法令の要件に該当するか否かの判断にも推論を要することがある。例えば、認定事実から規範的要件の有無を判断する場合である。また、法律問題においては、認定事実が法律要件に該当すると判断できても、それでは事件の結論の具体的妥当性が確保できない場合がある。このような場合、例外的処理が許されるか否かを、規範的判断に基づき決定することもある。例えば、ある契約に基づく請求権の存在を、信義則（民法1条2項）、権利濫用（民法1条3項）、公序良俗違反（民法90条）により否定する場合がこれに当たる。

　このように、法的三段論法においては、通常の三段論法の場合とは異なり、ルールを機械的に適用すればそれで足りるというケースは稀であり、圧倒的多数の事件において解釈、評価、規範的判断といった多段階に亘る推論が要求される。

　しかしながら、執筆時点における大規模言語モデルは、例えば最先端のGPT-4でも、論理推論（帰納的推論、演繹的推論、仮説的推論）、一般常識推論、因果推論、情報統合推論において、未だ誤った回答を生成するなどの限界が報告されており[28]、特にGPT-4が帰納的推論、一般常識推論、情報統合推論において苦戦しているとの報告[29]によれば、現時点において生成AIに直ちに高度な法的推論を行わせることは不可能というべきであろう。

28）　Open AI (2023). "GPT-4 Technical Report". (https://cdn.openai.com/papers/gpt-4.pdf)
29）　J. L. Espejel, E. H. Ettifouri, M. S. Y. Alassan, E. M. Chouham, W.Dahhane(2023). "GPT-3.5 vs GPT-4: Evaluating ChatGPT's Reasoning Performance in Zero-shot Learning".

　もちろん、ChatGPT（GPT-3.5 をベースとしたモデル）や GPT-4 は、「思考の連鎖」（CoT）などのプロンプト技術を用いれば、一定程度までは、一般的な法律原則や法律概念に基づき、一般的な法的論点について推論を行うことが可能であるかもしれない。しかし、個別具体的な事案に関する詳細な法的推論を行うには、当該事案プロパーの事実関係や文脈に関する情報が必要である上、上記のような高度かつ複雑な推論過程を経る必要がある。そのため、個別具体的な事案において最適な法的推論を行うためには、少なくとも当面の間は、人間の法律家が有する専門的知識・経験に基づく判断が必要不可欠というべきであろう。

⑵　法的推論における仮説の検証・修正・更新のらせん状の構造

　さらに、法的推論は、ある一時点における事実認定のみに基づき法的判断をすれば足りるというものではない。事実認定とそれに基づく法的判断においては、経時的要素も存在する。

　民事訴訟を例にとってこのことを説明すると、原告の主張（請求原因事実、再抗弁事実の主張）に対する被告の認否、被告の主張（抗弁事実、再々抗弁事実の主張）に対する原告の認否がそれぞれなされる。そして、争点整理手続において、不要証のもの（顕著な事実及び裁判上の自白が成立した事実）を除く要件事実について、各当事者から、詳細な間接事実の主張や書証の提出がなされる（書証には、直接証拠に当たるものと間接証拠に当たるものがある。）。このような当事者間の応答は、再間接事実のレベルに至ることもある。場合によっては、裁判所を通じて釈明処分がなされ、新たな事実関係やそれに基づく新たな法的観点が明らかになることもある。このような時系列を経て、最終的に当事者間に争いがある要件事実や間接事実が集中証拠調べ（民事訴訟法 182 条）の対象となる争点とされ、争点とされた要件事実が、当該訴訟において法的判断をする前提となる事実として最終的に認定の対象となる。

　既に述べたように、証拠から事実を認定するための推論過程では、与えられた証拠と関連する情報を整理し、その間に論理法則を適用する。この作業により、証拠から導き出される可能性のある結論や推測を特定することがで

きる。次に、経験則を活用し、推論結果が過去の観察や一般的な知識と整合するか否かを判断する。証拠から事実を認定するための推論においては、証拠そのものにつき複数の解釈・評価が成り立ち得る場合や、事実の推論過程につき複数の仮説・解釈が成り立ち得る場合がある[30]。推論の初期段階では、手持ちの証拠や情報のみに基づく限り、複数の仮説が形成されることがある。両当事者の訴訟代理人は、それぞれの立場から、一定の仮説をストーリーという形で裁判所に提示する。次に、訴訟代理人は、それぞれの仮説に対し、自己の仮説を補強する追加の証拠、あるいは相手方当事者の仮説を弾劾する追加の証拠を収集し、それらの証拠から両当事者の仮説の検証がなされる。追加で提出された証拠が一方当事者の仮説を支持する場合、その仮説はより信憑性が高いと判断され、逆に追加で提出された証拠が一方当事者の仮説と矛盾する場合、その仮説は修正を余儀なくされ、あるいは排斥される。

　裁判官は、争点整理手続の早期から暫定的に心証を形成しながら審理を進めていくといわれるが、訴訟代理人である弁護士もまた、当事者間で争いのある間接事実群の存否や、事実関係全体に関する両当事者の仮説（動かし難い事実群、間接事実群、論理法則・経験則から構成される）の採否について、時間を追って相手方当事者から提出される書証その他の訴訟資料や自己の調査結果等に基づき、当初の仮説をより確固たるものにし、あるいは当初の仮説を修正していく作業を行う。

---

30)　例えば、ある殺人事件の証拠として、被害者の血痕が被告人の服に付着していたことを裏付ける DNA 鑑定結果があるとする。この証拠だけを基にすると、複数の仮説や解釈が考えられる。
　　仮説1：被告人は、被害者を殺害した。
　この仮説は、被害者の血痕が犯人の服に付着していることから、犯人が事件の実行者である可能性が高いと推論するものである。
　　仮説2：被告人は、被害者を助けようとして、被害者の近くにいた。
　この仮説は、被告人が必ずしも事件の実行者とは限らず、被害者を助けようとして接触した可能性があると推論するものである。例えば、被告人が事件現場に偶然居合わせ、被害者に救助活動を試みたため、衣服に被害者の血痕が付着したという場合を想定している。
　　仮説3：被告人の行為によらず、被害者の血痕が被告人の衣服に付着した。
　この仮説は、事故の際にたまたま被害者の血痕が被告人の衣服に飛び散って付着した、あるいは被害者が被告人に助けを求めるなどした際に、被告人の衣服に血痕が付着した、といった場合を想定している。

　このように、裁判官や訴訟代理人は、争点整理手続の中で時系列を追って、両当事者から提示されたストーリーに関する仮説を、両当事者から提示された書証その他の資料に基づき、吟味・修正していくというらせん状の推論過程を経ることになる。当初の手持ちの証拠から得た仮説に対し、新たな証拠やそれに基づく事実が追加される結果、仮説が修正・更新していくというらせん状の推論構造[31]は、証拠と仮説の相互作用によって、より正確な結論に到達するプロセスを反映している。

　しかしながら、執筆時点における大規模言語モデルは、「確率的・統計的に、次の単語として自然であると予測された単語を次々と出力する」という形で、単線的・逐次的な予測を行うことしかできない。この点に、現在の自己回帰型大規模言語モデル（Auto-Regressive Large Language Models）の限界があると指摘する報告もある[32]。仮に、例えば、後の方に出力された単語が、前の方に出力された単語に対し、何らかの形でフィードバックを行うことができる機構が備われば、あるいは複数の推論経路を評価し、それらの推論経路を行き来して適切な修正や補足を行いつつ、最終的な出力を綿密に予測する機構が備われば、事実認定・法的判断をより精緻に行うことができるのではないかとも考えられる。

　いずれにしても、執筆時点における大規模言語モデルには、訴訟において必要となる上記のようならせん状の推論構造を可能とする、「思考の樹木」（ToT）のようなパラダイムが組み込まれていない。「複数の異なる推論経路を考慮し、次の行動方針を決定するための選択肢を自己評価し、さらに必要に応じて行きつ戻りつを繰り返して大局的な判断を行う」という一連の計画プロセスを、大規模言語モデルの内部あるいは外部にアルゴリズムとして適切に組み込むことができれば、事実認定における推論過程は、一定程度、

31）　このらせん状の推論構造を、ベイズ統計学における事前分布（各仮説に関する事前の知識に基づく確信度）から事後分布（当初の仮説に対し、新たな証拠や情報を追加することで更新された、各仮説に関する確信度）への更新により、当初の仮説がより信頼性の高い結論に近づくというアナロジーで説明した文献として、佐藤健・新田克己編著『人工知能と法律』（近代科学社、2022）の「第6章　ベイジアンネットワーク（事実認定への応用）」参照。

32）　S. Bubeck et al. (2023). "Sparks of Artificial General Intelligence: Early experiments with GPT-4". P. 76-(https://arxiv.org/pdf/2303.12712.pdf)

大規模言語モデルで代替することも可能となるかもしれない。

　なお、精緻な事実認定・精緻な法的判断を行う未来が到来する可能性について、ChatGPTと対話による議論を行ってみた。かなり的を射た回答が得られた上、将来の技術改良に向けた提案までなされたことは驚きであった。

〈自己回帰型大規模言語モデルの限界とその克服の可能性について〉

Prompt:

以下の説明を踏まえて、問いに答えて下さい。
###
民事裁判では、各当事者と裁判官がそれぞれ事実認定と法的判断を行います。
事実認定は、各当事者が自己の主張の根拠となる法律の要件に該当する事実の証明を目的として、主張立証活動をします。
「自己の主張の根拠となる法律の要件に該当する事実」を、「要件事実」といいます。要件事実を直接に証明する証拠を「直接証拠」といいます。「直接証拠」には、要件事実が記載された文書や、要件事実を直接目撃した証人の証言があります。要件事実を間接的に証明する証拠を「間接証拠」といいます。「間接証拠」から論理法則と経験則を適用することで証明される事実を「間接事実」といいます。「間接事実」から論理法則と経験則を適用することで、「要件事実」の証明がされます。
法的判断は、法律の条文に書かれた要件の文言を解釈して、何が認定の対象となる「要件事実」であるかを判断する作業と、認定された具体的事実が要件事実に該当するかを判断する作業を含んでいます。仮に要件事実に該当すると判断された場合でも、裁判官の目から見て結論が不当と思われるときは、例外的に信義則違反、権利濫用といったテクニックが用いられ、法律の要件に該当する事実があっても、その法律が定める法律効果が発生しないと判断されることがあります。
事実認定において、直接証拠、間接証拠の証拠評価は、論理法則・経験則に従う必要があります。また、間接証拠から間接事実を推認する過程、間接事実から要件事実を証明する過程も、論理法則・経験則に従う必要があります。事実と評価を分離することが極めて困難な場合もあります。
法的判断において、条文の解釈や結論の妥当性の判断を行うには、規範的判断を行う必要があります。
このように、事実認定・法的判断を行うためには、徹頭徹尾、経験則や規範的判断に基づく評価が必要となります。
さらには、民事訴訟には経時的要素もあり、原告の手持ちの証拠に基づく当初の仮説が、被告から新たに提示された証拠によって、修正・破棄

を余儀なくされる場合や、その逆の場合もあります。何度か主張反論と証拠提出を経て、裁判官が、原告と被告いずれの仮説が妥当かを判断し、その仮説に合致する要件事実の有無によって一定の結論を出します。
###
現在の水準の大規模言語モデルは、一般常識推論や抽象的な記号操作による推論が不得意であると指摘されています。
そうだとすると、経験則の適用による推論や、規範的判断といった推論も不得意であると考えられます。
こうした経験則の適用による推論や、規範的判断といった推論は、民事訴訟において不可避・不可欠な過程です。
にもかかわらず、大規模言語モデルが、現時点でのパラダイムのみによって、精緻な事実認定・精緻な法的判断を行う未来が到来する可能性はあると考えますか？あなたの考えと、その根拠を具体的に述べてください。

大規模言語モデルは、一般常識推論や抽象的な記号操作による推論に苦労すると指摘されています。そのため、経験則の適用や規範的判断といった推論も不得意な可能性があります。これらの推論は、民事訴訟において不可避かつ重要な過程です。

現在の大規模言語モデルは、大量のテキストデータから学習されており、その学習データには様々な事例や情報が含まれています。したがって、一部の経験則や規範的判断に関する知識はモデルに組み込まれている可能性があります。例えば、法的な規範や一般的な法律原則については、法律文書や判例などのテキストデータを通じて学習している可能性があります。

ただし、現時点の大規模言語モデルは、完全な事実認定や法的判断を行うには限界があります。これらのモデルは、統計的な傾向やパターンを学習することが得意であり、確実な答えを提供することが求められる法的な論点や事実の解明には、まだ十分な信頼性を持っていない可能性があります。

また、法的判断は倫理的な価値観や社会的な文脈に基づくものであり、個別のケースにおいてさまざまな要素を総合的に考慮する必要があります。大規模言語モデルは、あくまでデータに基づいて統計的な傾向を示すものであり、そのような総合的な判断や倫理的な価値判断を正確に行うことは難しいでしょう。

第1章
第2章
第3章
第4章
法律事務所において生成AIを利活用する際の一般的な技法
第5章
第6章

したがって、現時点での大規模言語モデルだけに頼って、精緻な事実認定や法的判断を行う未来が到来する可能性は低いと考えます。これらのモデルは補助的なツールとして活用されることがありますが、法的な論点や訴訟の決定には人間の専門知識や倫理的な判断が引き続き重要な役割を果たすでしょう。

Prompt:

自己回帰型大規模言語モデルは、次の単語として自然であると確率的・統計的に予測された単語を次々と出力するという形で、単線的・逐次的な予測を行うことしかできない点に限界を感じています。
仮に、後の方に出力された単語が、前の方に出力された単語に対し、何らかの形でフィードバックを行うことができる機構が備われば、あるいは複数の推論過程を評価し、それらの推論過程を行き来して最終的な出力を予測する機構が備われば、事実認定・法的判断をより精緻に行うことができるのではないかと考えています。
このことについて、あなたの考えを述べてください。

 自己回帰型の大規模言語モデルは、確かに単線的・逐次的な予測を行うことに特化しています。このモデルは、文脈を考慮して次の単語を予測する能力を持っていますが、前の方に出力された単語とのフィードバックや複数の推論過程の評価を行う機構は直接的には備わっていません。

もしモデルにフィードバック機構や複数の推論過程の評価機構が組み込まれるとしたら、事実認定や法的判断においてより精緻な結果が得られる可能性があります。このような機構があれば、前の出力に基づいて適切な修正や補足を行ったり、異なる推論経路を試行し、最終的な出力をより綿密に予測することができるかもしれません。

ただし、このような機構を実装するにはいくつかの困難が存在します。まず、フィードバック機構を設計するためには、どのような情報を前の出力に関連付けるべきか、どの程度の情報を保持し、どのように利用するかといった問題があります。さらに、複数の推論過程を評価し、それらを統合するための基準やメカニズムを明確に定義する必要があります。

また、法的な論点や事実の解明は、単なる確率的な予測だけでなく、倫理的な価値観や社会的な文脈に基づいた判断も必要とされます。

大規模言語モデルだけでは、このような判断や評価を正確に行うことは難しいでしょう。

したがって、フィードバック機構や複数の推論過程の評価機構が組み込まれた大規模言語モデルが事実認定や法的判断を精緻に行うことができるかどうかは、実装の難しさや情報の扱い方に依存します。現時点では、これらの機構を完全に備えたモデルが存在するわけではありません。重要な法的判断や訴訟の決定においては、人間の専門知識と倫理的な判断が引き続き重要な要素であると言えるでしょう。

Prompt:

別のアプローチも考えてみます。
現在の最先端の自己回帰型大規模言語モデルに加えて、過去の最高裁判例・下級審裁判例、法律の学術文献を大量に学習させたモデルを併用して、対象の事件と過去の事例との特徴の類似性から、事実認定・法的判断を行う可能性もあり得ると思います。
このように、自己回帰型大規模言語モデルを単体で事実認定・法的判断を行うのではなく、他のいくつかのモデルも併用して事実認定・法的判断を行うというアプローチは有効であると思いますか？また、仮に有効であるとした場合、他にどのようなモデルを併用することが望ましいでしょうか？

自己回帰型大規模言語モデルと過去の裁判例や法律の学術文献を併用するというアプローチは、事実認定や法的判断において有効な方法として考えられます。

過去の裁判例や学術文献には、特定の法的問題に対する判断や解釈が含まれており、これらをモデルに学習させることで、より正確な法的判断を行う基盤を提供できる可能性があります。これによって、類似した事例における過去の判断や解釈を参考にすることができ、一定の一貫性や予測性をもたらすことが期待されます。

具体的なモデルとしては、自己回帰型大規模言語モデルとは異なるアプローチを採用することが望ましいです。例えば、判例データベースや法律の学術文献から抽出された事実や法的判断を扱うためのモデルを構築することが考えられます。これらのモデルは、特定の法的領域や専門知識に特化した形式で情報を提供し、一般的な言語

モデルとは異なる特性を持つでしょう。

このようなモデルを併用することで、自己回帰型大規模言語モデル
の限界を補完し、より精緻な事実認定や法的判断を行うことが期待
できます。ただし、その効果や有効性は実証される必要があり、複
数のモデルの統合や調整には慎重な検討が必要です。

重要なのは、モデルの併用によって得られる結果を専門家や裁判官
が適切に評価し、最終的な判断を行うことです。自己回帰型大規模
言語モデルや他のモデルの利用は支援ツールとしての役割を果たす
ものであり、人間の専門知識や倫理的な判断と組み合わせて使用す
ることが重要です。

Prompt:

他に併用することが望ましいモデルとしては、どのようなモデルが候補
として挙げられますか？

 事実認定や法的判断において、他のモデルを併用する場合、以下の
ような候補が考えられます。

1. ルールベースのモデル：ルールベースのアプローチでは、事
   実や法的要件に関するルールや規則を事前に設定し、これら
   のルールに基づいて推論を行います。例えば、特定の法的要
   件を満たすための条件や要素を定義し、それに基づいて事実
   を評価することができます。
2. ベイジアンネットワーク：ベイジアンネットワークは、事象
   間の因果関係や依存関係を表現する確率モデルです。過去の
   裁判例や法的データを用いて、ベイジアンネットワークを構
   築し、現在の事実や証拠を組み込んで推論を行うことが可能
   です。
3. ニューラルネットワークを用いた特定のタスク向けのモデ
   ル：事実認定や法的判断に特化したニューラルネットワーク
   モデルを構築することも考えられます。これらのモデルは、
   特定の法的問題に焦点を当て、その分野における専門的な知
   識や特徴を学習することができます。
4. エキスパートシステム：エキスパートシステムは、専門家の
   知識と推論能力をコンピュータに組み込んだシステムです。
   特定の法的領域における専門家の知識をベースにして、事実

認定や法的判断を行うことができます。

これらのモデルは、自己回帰型大規模言語モデルと組み合わせて使用することで、より多角的な情報や専門知識を利用した事実認定や法的判断が可能となるでしょう。ただし、どのモデルを選択するかは、具体的な問題や目的によって異なります。最適な組み合わせを見つけるためには、実証的な研究や検証が必要です。

6　現時点での生成 AI の技術水準と法律実務への適用可能領域

⑴　現時点での生成 AI の限界

　大規模言語モデルは、巨大なコーパスから、世界のありとあらゆる知識や人間が書く文章の特徴（文、句、単語、構文など）を、それらの意味的な類似度・関連性も含めた形で、さまざまな観点から学習したものであるため、あらゆる種類のタスクの指示に対し、あたかも文章の意味や文脈を適切に理解して回答を生成しているかのように振る舞うとされている。

　しかし、逆に言えば、現時点で存在するアメリカ製の大規模言語モデルは、日本の裁判の事件記録その他の電子的に記録されていない日本の法律文書を含め、それらのコーパス（データベース）に掲載されていない知識は学習しておらず、学習していない知識を必要とするタスクの指示に対して生成される回答は、原理的に不正確ないし不完全なものとならざるを得ない（知識の不足）。

　また、既に述べたように、言語モデルは、少なくとも執筆時点現在の技術水準では、一般的に、算術問題推論（算数の問題を解くこと）、一般常識推論（前提となる背景知識が明確に記述されていない問題を、物理的・人間的相互作用を含む常識を補って解くこと）、記号推論（未知の記号に対して抽象的な操作を行うこと）の各タスクが苦手で、最終的な解答を間違うことも多いとされている（推論能力の不足）。

　実際、ChatGPT に法律知識や過去の条文・判例の知識を問い合わせたり、ChatGPT に法的推論タスクそのものをさせようとしたりすると、一応もっ

ともらしく見える回答を生成するが、生成内容が全くの虚偽であったり、論理の流れが雑駁に過ぎたりと、そのほぼすべてのケースで業務への使用には到底堪えない水準のものである。思考の連鎖プロンプトなどプロンプト・エンジニアリングの技法を駆使して、定義や条件を明確にし、問題を中間ステップに適切に分解し、解き方の模範例を与えるといった形で、プロンプトを入念に作り込んだとしても、所望の回答が直ちに得られることはないといってよい。

　既に述べたように、生成 AI が出力する単語や文章は、あくまで確率論・統計学の原理に基づき出力されるものであるため、100％の正確性を達成することは原理的に保証されない。生成 AI は、学習していないデータが入力された場合でも、それに対して次に続く単語として自然でもっともらしいものを次々と出力していくが、そのようなモデルによる予測結果には正解との誤差が付き物である。

　したがって、生成 AI に、唯一無二の回答、絶対的に正しい回答を要するタスクを 100％正確に行わせることは、原理的には保証されない。また、そもそも、裁判の判決などには、果たして唯一の「正解」があるのかということ自体が大きな重要問題である[33]。

⑵　法律家自身による検討・起案の重要性

　以上のように、執筆時点における大規模言語モデルをベースとした生成 AI には、知識の不足と推論能力の不足という問題があることから、現時点では、生成 AI が、証拠の評価や経験則の適用に基づく推論過程を含む事実

---

33)　佐藤健、新田克己編著『人工知能と法律』(近代科学社、2022) 84 頁。法律推論システム製作のために、大規模言語モデルをファインチューニングする場合、裁判官という人間の判断に依存した判決を「正解」と見做して、これらを教師データとしてファインチューニングすることも、同根の問題を秘めている。同書では、「議論や試行錯誤を通じて、『アノテーションガイドライン』と呼ぶアノテーションの基準を決める必要がある。」とされている。一つの方向性ではあるが、多種多様な事件類型に応じてそのようなガイドラインを策定することが果たして可能であるかという問題があるほか、そのようなガイドラインの策定自体に人間の判断の恣意が介入する余地もあり、将来における大規模言語モデルを利用した法律推論システム製作の際に議論すべき極めて重要な問題となろう。

認定、条文や最高裁判例・下級審裁判例の解釈に基づく規範の定立、認定事実の法的評価（事案へのあてはめ）といった高度な推論を行い、その結果を適切に法的文書の形で出力することは不可能である。執筆時点においては、入念なプロンプトを作り込む努力をするよりも、弁護士自身で事件記録を丹念に検討し、必要な事実調査や法令調査を行い、自分の手で起案する方が、はるかに速いし正確でもあるし、何より自信をもって顧客に成果物を提供できる。

とはいえ、現時点でも、事実調査や法令調査のうちある程度の部分は、生成AI（ChatGPTのほか、Microsoft Bingなど）を用いて業務の補助として活用することは可能である。また、将来においては、現時点で可能な法的推論よりも遥かに精緻な法的推論を生成AIがなし得る可能性も存分にある。モデルのスケール則、最新の学術論文が示す思考連鎖プロンプトの実験結果（本章3）、「思考の樹木」の学術論文（本章4）、GPT-4のテクニカルレポートの結果などは、将来において生成AIが法的推論を行い、その結果を適切に法的文書の形で出力できるようになる可能性を強く示唆している。

7　将来の展望〜民事裁判のIT化に関する民事訴訟法改正を見越して[34]

⑴　民事裁判のIT化

既に述べたように、現時点で存在する米国製の大規模言語モデルは、日本の裁判の事件記録その他の電子的に記録されていない日本の法律文書や日本の法律文献に掲載された知識を十分に学習していない（知識の不足）という問題がある。この問題を克服するための将来の一つの可能性を示すのが、民事裁判の全面的IT化である。

2022年5月18日、「民事訴訟法等の一部を改正する法律」（令和4年法律第48号。以下、「改正法」という。）が成立し、同月25日に公布された。同法は、民事裁判手続の全面的なIT化を志向するものである。改正法は、原

---

[34]　上田竹志「民事訴訟法改正—IT化とその理論的問題」法学セミナー816号30〜35頁、大室幸子「民事裁判手続におけるIT化を促進　改正民事訴訟法」ビジネス法務2022年10月号19〜24頁

則として公布の日（2022 年 5 月 25 日）から起算して 4 年以内に施行するものとされている。

　改正の 3 つの柱は、①訴状・準備書面等のオンライン提出（e 提出）、②訴訟記録のデジタル化（e 事件管理）③口頭弁論期日等におけるウェブ会議の利用拡充（e 法廷）にある。既に周知のとおり、すべての地裁本庁において Microsoft Teams のウェブ会議システムを利用した争点整理手続の運用が進んでいる（e 法廷の一部先行実施）ほか、一部の裁判所（東京地裁知財部など）で民事裁判書類電子提出システム mints の運用が開始されている（e 提出の一部先行実施）。

　今後、民事執行、民事保全、倒産、民事調停、労働審判、人事訴訟などの方面でも、民事訴訟手続と同様の IT 化を行うことが検討されている。

⑵　訴訟記録のデジタル化（e 事件管理）

　改正の 3 つの柱①〜③のうち、生成 AI の将来の展望を考える上で最も関係が深く、関心が高いと思われるのは、②の訴訟記録のデジタル化（e 事件管理）であろう[35]。

　改正法は、訴え提起も含め、申立てその他の申述一般につき、裁判所の事件管理システムにデータをアップロードする方法により、オンラインで行うことを認めている（改正法 132 条の 10）。今後、改正法の下では、弁護士等の訴訟代理人は、オンライン提出が義務付けられる（改正法 132 条の 11 第 1 項）。当事者から裁判所に提出された訴訟記録は、原則として裁判所によって電子化される（改正法 132 条の 12、13）。裁判所が作成する口頭弁論期日等の調書や判決書等も、電子的に作成・保存される（改正法 160 条、252 条〜254 条）。これらの規定により、訴訟の開始から終了に至るまで一貫して、裁判所に保管される訴訟記録が全面的に電子化されることになる。

　また、デジタル訴訟記録の閲覧等について、当事者及び利害関係を疎明した第三者は、電磁的訴訟記録の内容を裁判所外の端末から閲覧・ダウンロー

35）　もっとも、訴訟記録のデジタル化（e 事件管理）は、訴状・準備書面等のオンライン提出（e 提出）を前提とし、これと密接に関連している。

ドすることが可能とされた（改正法 91 条の 2 第 2 項)。その閲覧方法の詳細
は、今後制定される最高裁判所規則に委ねられる。これに対し、利害関係の
ない第三者は、裁判所内の端末からのみデジタル訴訟記録の閲覧を請求でき
るとされ、裁判所外の端末からの訴訟記録の閲覧は認められていない（改正
法 91 条の 2 第 1 項)。

　改正法の下で、判決書を含むすべての訴訟記録がデジタル化されることと
なったことは、大規模言語モデルに日本の多数の裁判記録や法律文献[36]を学
習させることによる性能向上の途を開くものであり、現在の大規模言語モデ
ルが法律推論等のタスクについて抱える「知識の不足」という問題点を克服
する大きな可能性を秘めていると評価し得る。

　しかしながら、訴訟記録がデジタル化されても、大規模言語モデルの開発
者等による実質的なアクセス（裁判所外の端末からのデジタル訴訟記録のダ
ウンロードなど）が認められない限り、法律推論等のタスクに関する大規模
言語モデルの性能向上は達成し得ない。本改正法の下においても、大規模言
語モデルの開発者その他、民事判決情報の有効な利活用を図る企業・研究機
関による実質的なアクセスまでは認められていない。

　この点については、民事判決情報を国民や社会全体で共有すべき公共財と
捉え、これをデータベース化した上で、広く国民や社会の利用に供するため
の枠組みが模索されている[37]。その目的の一つとして、「紛争解決手続に関
する AI の開発等の研究をするための基盤」が挙げられている。

　もっとも、民事判決情報のオープンデータ化には、訴訟関係人のプライバ
シー保護・営業権や営業上の利益の保護等の観点から検討すべき課題が残っ
ている状況にある。公益財団法人日弁連法務研究財団は、2022 年 6 月 8 日
付「民事判決情報の適正な利活用に向けた制度の在り方に関する提言」の中
で、今後の検討課題につき、「仮名化の対象のほか、情報管理機関を一元化

---

36)　現時点でも、e-Gov 法令検索、官報、パブリックコメント及び各法律事務所が提供し
　　ているニューズレターなど、電子化された法務関係のデータセットは多種多様に存在す
　　る。一方、民事裁判の判決情報については、最高裁判所のホームページにおいて一
　　部公開されているのみである。
37)　公益財団法人日弁連法務研究財団「民事判決情報のオープンデータ化に向けた取りま
　　とめ」（令和 3 年 3 月 25 日）

第1章
第2章
第3章
第4章
法律事務所において生成 AI を利活用する際の一般的な技法
第5章
第6章

することの是非、民事判決情報の提供に係る不法行為責任の免責の要否・当否、個人情報保護法との関係の整理」等を挙げた上、民事判決情報の適正な利活用に向けた課題の検討と早期の法整備の必要性を提言している。

　しかし、これらの検討課題が解決されれば、開発者において、大量の民事判決情報その他のデジタル訴訟記録や法律文献を大規模言語モデルに学習させ、あるいはモデルを法律推論用にファインチューニングする途が開けることになろう。

GPT-4 が米国統一司法試験（UBE）に大差で合格！[38)]

1 米国では、州ごとに試験方法と弁護士登録要件が定められているが、多くの州は全米司法試験委員会（National Conference of Bar Examiners; NCBE）が作成する統一司法試験（Uniform Bar Exam：UBE）を要件の一つとして課している。

　UBE は、多肢選択式の Multistate Bar Examination（MBE）と記述式・論述式の Multistate Essay Exam（MEE）、Multistate Performance Test（MPT）から構成されている。MEE は実体法上の知識に関する質問で構成されるのに対し、MPT は実体法の知識から離れ法的思考力を応用することが要求される質問で構成される。

2 研究者が、最新モデルの GPT-4 や ChatGPT（GPT-3.5 をベースとしたモデル）を用いて、UBE の過去問を解かせてみたところ、GPT-4 は、UBE を採用する全州の合格最低点を大幅に上回ったとの実験結果が報告されている。報告によれば、総合点は、GPT-4 が 297/400 Points、ChatGPT が 213/400 Points であった。UBE を採用する大半の州の合格最低点は 260〜273 Points である。

　試験の採点は、1 名のテニュアを持つ法律学の大学教授、複数の管轄区域（jurisdiction）で資格を有する 2 名の弁護士が行い、複数のレビュアーがチェックしたとのことである。

　この実験において、MBE では、GPT-4 は、7 科目全てにおいて概ね合格基準値を上回ったほか、7 科目中 5 科目で受験者の平均点を上回った（GPT-4：157/200 Points、ChatGPT：116/200 Points）と報告されている。論述式の MEE では、一般的な合格水準が 6 点満点中 4 点とされているところ、GPT-4 は 6 点満点中 4.2 点（84/120 Points）、ChatGPT は 6 点満点中 3 点（60/120 Points）であった。同じく論述式の MPT では、GPT-4 は 6 点満点中 4.2 点（56/80 Points）、ChatGPT は 6 点満点中 2.8 点（37/80 Points）であった。

　この実験を行った研究者達は、GPT-4 にとって MPT は MEE よりも難易度が高いと考えていたが、GPT-4 は MPT でも合格水準を超える結果を出し

---

38) D. M. Katz, M. J. Bommarito, S. Gao, P. Arredondo(2023). "GPT-4 Passes the Bar Exam".(https://papers.ssrn.com/sol3/papers.cfm?abstract_id=4389233)

ている。ちなみに、GPT-4 だけでなく、ChatGPT も、引っ掛けを含む MPT に対し、問題の要求に即していない法理や判例を引用してしまうという誤りを概ね回避したと報告されている。

　最も注目すべき点は、実験における GPT-4 及び ChatGPT の試験結果は、すべてゼロショット（zero-shot）のプロンプト、つまり思考の連鎖（CoT）のような誘導をせず、基本的に問題文だけのプロンプトによって達成されているということである。このことは、実験における GPT-4 及び ChatGPT の試験結果は、モデルの能力の最低限であったということである。

3　もっとも、司法試験は、米国でも日本でも同様であるが、あくまで法律実務家としての最低限度の能力レベルを保証するものにすぎず、現実の案件においてクライアントを満足させるレベルのリーガルサービスを提供するために必要な能力は、そのレベルを遥かに超えるものである。そもそも、司法試験において測定される能力は、法律実務家に要求される各種能力の一部にすぎない。

　GPT-4 が司法試験の合格レベルを遥かに超える性能を発揮したことは、極めて「驚異」というべきではあるが、「脅威」というにはまだまだ道のりがある。

第 5 章

生成 AI の法律事務所における
利活用のデモンストレーション

1 「まずは無償版よりはじめよ」

　本章では、ChatGPT Plus（最新版の GPT-4 のモデルをベースとしたサービス）ではなく、「まずは無償版よりはじめよ」をモットーに、無償版の ChatGPT（GPT-3.5 のモデルをベースとしたサービス）を利用して、法律事務所において発生する様々なタスクに対し ChatGPT にプロンプトを入力して応答を生成させた結果をデモンストレーションした。したがって、デモンストレーションにおいて生成された回答の例は、執筆時点での最新の技術水準の大規模言語モデルの回答内容を反映していないことをまず初めにお断りしておく。

　無償版を採用した理由は、本書籍の読者として、ChatGPT に全く触れたことのない法律事務所所属の方々、あるいは触れたことはあっても ChatGPT の原理や使い方も分からずに漠然と使うことに躊躇があるという方々をも想定しているからである。そのため、いきなり有償版の使用を勧めるよりも、まずは無償版を使いながら、大規模言語モデルの原理やどのようなタスクに使用することが有効であるかということを大雑把にでも理解していただくことに重点を置いた。

　有償版の ChatGPT Plus の能力がさらに驚異的であることは、GPT-4 のテクニカルレポートやその他の学術論文等によっても既に明らかにされているところではある。有償版の ChatGPT Plus は、無償版の ChatGPT と比較して、ユーザーの不完全なプロンプトの入力に対しても、当該ユーザーの意図をある程度推測して、その意図に即した回答を生成してくれる高い性能を

有すると言われている[1]。教師が学生に対し手取り足取り懇切丁寧に教えることが、かえって学生が自主的に考えて自学自習する姿勢を育たなくしてしまうように、初めから優秀なシステムを使用することは、プロンプトの反復的な試行錯誤に対する意欲を妨げ、ひいては大規模言語モデルの原理や特性についての理解を妨げるおそれもある。いきなり高い性能のバージョンから始めると、モデルの長所も短所も見えにくくなってしまう。特に欠点が十分見えないまま使うことは、大変危険なことでもある。まだまだ発展途上の未完成なシステムの利用経験があれば、その後劇的な改善を遂げた新システムを利用する際の感動もまた大きいと思われる。

　有償版と比較すれば相当程度能力が劣るとされる無償版でも、その能力は驚異的である。しかも、本書で説明した基本的なテクニックを駆使すれば、その驚異的な能力をさらに引き出すことも可能である。本章で紹介したデモンストレーションを参考にしていただき、読者の方々において利活用の方法を色々と試していただければ幸甚である。

　前章では、プロンプト・エンジニアリングの技法や思考の連鎖（CoT）など、最新の研究結果に基づく難解な技法についても触れたが、初めからそのような難解なプロンプトを入力する必要はない。前章で解説したように、生成される応答の品質は、プロンプトとして入力される情報・文脈、模範例の量・質、指示内容や出力形式の指定の明確さなどに依存するという基本事項をおさえながら、まずは色々と試行錯誤していくことが、利活用に向けた第一歩としては重要である。

　本章で挙げた利活用の具体例は、すべて無償版の ChatGPT（GPT-3.5 のモデルをベースとしたサービス）を利用して作成した。以下、本章では、無償版 ChatGPT を単に「ChatGPT」という。

　本書籍に掲載したすべての対話は、筆者の OpenAI アカウントにおいて実際に行った対話である。一つの枠内にある一連の対話は、一つの対話フォルダ（プロンプトと ChatGPT の一連の対話をトピックごとに格納・分類し

---

1) OpenAI (2023). "GPT-4 System Card". p. 20: "We've found that GPT-4 exhibits enhanced steerability which allows it to better infer users intentions without extensive prompt tuning." (https://cdn.openai.com/papers/gpt-4-system-card.pdf)

たもの。ChatGPT の画面左端にアイコンと共に一覧表示される。）内で行われたものである。全く同じトピックについて複数回対話を行う際には、本文中学習（in-context learning）を避けるため、異なる対話フォルダ内で対話を行うこととし、本書籍掲載時にも対話フォルダごとに別の枠を設けて区別している。

> ## 2　法律事務所における業務全般での ChatGPT の利活用 ～ChatGPT を有効に利活用するための重要な視点

⑴　はじめに

　前章において、究極的なタスクである問題解決・意思決定を行う際の一般的な思考プロセスは、問題の定義・目標や課題の設定→関連する情報・データの収集→収集した情報・データの分析・統合→分析・統合した情報に基づく仮説・解決策の構築→構築された仮説・解決策の評価・選択→選択した解決策の実行・新たな洞察とフィードバックの順序を伴うことを述べた。弁護士業務も同様であろう。一例としては、社会的事実から法的問題・論点の抽出→関連する法的概念・先例・法律文献等の収集→収集した文献等の分析・統合→分析・統合した情報に基づく仮説・法律解釈の構築→構築された仮説・法的解釈と法的原則・先例との整合性、結論の妥当性の評価・選択→選択した解決策の交渉・訴訟への適用→相手方・裁判官等によるフィードバック・検証といった過程が挙げられる。

　一口に「弁護士業務」といっても、弁護士が通常の業務の中で行っているタスクの種類は極めて多い。弁護士が日常的に行っている業務には果たしてどのようなものがあるか？　生成 AI を十分に利活用できる業務内容と、現在の技術水準では必ずしも業務での使用には堪えないと考えられる業務を適切に選別する作業は、弁護士が日常的に行っている業務の内容を再構成することに他ならない。

　本章では、弁護士が通常行っているタスクを適宜分割し、分割したタスクのそれぞれについて、生成 AI の技術的原理に基づく得手不得手を考慮して、弁護士業務への利活用の可否を判断するというアプローチを採用した。つま

り、現時点での技術の限界を考慮した上で、ChatGPTに得意な業務をさせ、あるいはChatGPTに提案をさせるといった手法で、弁護士業務の生産性を向上させることを目指したものである。

　弁護士業務においては、唯一無二の絶対に正しい回答が欲しいという場合もあるが、それよりも、文書の大まかな内容や考え方の大まかな方向性を知りたい、あるいは自分が考えている方向性の正しさを確認したいという場合も非常に多い。生成AIは、そのような文書の大まかな内容や考え方の大まかな方向性を示したり、全体的な傾向を示したりするタスクは非常に得意である。また、受信したメールに対する返信メールを生成させる、議事録を作成する、日本語の文書を英語に翻訳するといった作業も非常に得意である。このように、生成AIの得手不得手を理解しながら、生成AIが得意なタスクを与えることが、生成AIの賢い使い方、あるいは生成AIとの賢い付き合い方であろう。

⑵　柔軟な発想が要求される問題に対して提案をさせる

　一般論としては、ChatGPTは、正解が一つに決まっている問題に的確かつ正確に答えるというよりも、色々なアイデア・柔軟な発想が要求される問題において色々な提案をするといった能力において優れているため、正解が必ずしも一つに決まっていない問題において、自分では思いつきそうにない発想を含めて、提案を要求するという使い方のほうが有効である。そこで、厳密性が要求される細かいタスクよりも、大局的な判断をするためのオリエンテーリングの一つの手段として使うということが有効な場合も多い。

　生成AIの利活用との関係では、法律事務所における業務の大きな分類として、正解が一つ又は少数のタスクか、あるいは正解が複数考えられ、多様なアイデアや方法論があり得るタスクかによって分類することが考えられる。

〈多様なアイデアが考えられる業務の具体例〉

---

①　所内勉強会・顧客や第三者向けセミナーのテーマ・構成の提案

②　所内旅行の旅程の提案

---

(3) 論点や事実関係を整理する手段として活用する

　ChatGPT は、文章の要点を端的にまとめる、長い文章の中から重要な情報のみを抽出する、表形式などユーザーの希望に即した出力形式にて出力する、といった自然言語処理のタスクを行う能力に優れているため、論点や事実関係を整理する、情報の視認性を上げるといった手段として活用することは有効である。

　もっとも、ChatGPT は、入力できる文書や出力できる文書のサイズに制限があることには留意すべきである。サイズの大きい文書の分析には不適である。

〈事務作業を効率化できる業務の具体例〉

```
① 法律文書・事務文書の編集
② 法律文書・事務文書の要約／翻訳
③ 対立当事者間の主張を表形式にてまとめる。
```

(4) 正解が決まっている問題に対する解答の検索に使う場合は、自分の専門領域か、自分の専門領域に近い分野で使う方が安全である

　ChatGPT には、既に詳述したように、不正確な内容や虚偽を含む内容を、あたかもそれが真実であるが如く、正確な事実と織り交ぜながら、ごく自然にもっともらしく回答を生成してしまうという欠点があり、「幻覚」現象として知られている。「幻覚」により生成された虚偽を含む情報は、正確かつ詳細な情報の文脈の中に紛れ込む形で現れるため、専門家でも区別が難しい場合もある。

　そのため、正解が決まっている問題に対する解答の検索に使う場合は、自身で真偽の判定ができる自分の専門領域か、自分の専門領域に近い分野で使う方がより安全である。また、ChatGPT はもっともらしく嘘をつくこともあり、生成された回答の真偽が一見して判別できない場合もあるので、自分の専門領域で使う場合でも、内容の正確性（ファクトチェック）とその根拠（エビデンス）を必ず検証すべきである。

　また、自分の専門領域以外の場面で使う場合には、まずは当たりをつける

ために使うといった限定的な使用に留める方が安全である。専門領域以外の分野で使った場合、ChatGPT が生成した情報の正確性やその根拠を必ずしも正しく判断できないため、ChatGPT が生成した情報を安易に自己の主張の裏付けとして使用したり、生成結果をそのまま証拠として提出したりすることは、厳に慎むべきである。

例えば、医療過誤事件においては、症状発生の機序の調査そのものに使うというよりも、どの診療科の医師にどのような協力を依頼するべきかを判断するために利用する方が、間違いが起こりにくい。

なお、日本法の専門用語については、大規模コーパスといえど学習が不十分であるので、プロンプトとして日常用語からかけ離れた法律用語をそのまま入力しても、所望の回答はおそらく得られない。プロンプトにおいて、専門用語を定義することがまず必要である。

⑸ 「悩んだらまず ChatGPT に聞いてみよう」

生成 AI については、色々な「脅威」や問題点も指摘されているが、第 2 章で説明した法的問題点や、第 3 章で説明した利活用する際の留意事項さえ理解していれば、使うことを躊躇する理由はない。むしろ、使える技術は積極的に利活用するという姿勢とそのスキルが、来るべき民事裁判の IT 化時代に備えて必要不可欠となろう。尋問の時の質疑の仕方、書面に記載する文章の中で使う語彙、準備書面における議論の進め方、証拠の探索など、現時点の技術水準の生成 AI の回答でも参考になる（あるいは参考にすべき）点は多い。

生成 AI には、一定の時点までに集積された情報（ChatGPT の場合、2021 年 9 月までの情報と言われている）、しかも特に英語圏において集積された情報が多く日本語その他の言語についての情報は不十分であるという限界はあるものの、ありとあらゆる世界の知識が豊富に詰まっており、まさに人類の知の財産目録ともいうべき英知の結集の初期段階をなすものである。これら既存の知識を組み合わせるだけでも、個人が単独ではおよそ考えも及ばないアイデアを創出できる十分な可能性を秘めている。その組合せは無数に存在するものであり、本書籍はその一つの試みにすぎない。生成 AI の具

体的な利活用の仕方は、本書籍で言及するものだけに留まるものではなく、まさに百人百様である。まずは、自分なりの方法で色々と試行錯誤を積み重ね、新しい利活用の方法を創出していくことも、今後の生成 AI の利活用、ひいては生成 AI の技術発展のためにも不可欠であろう。

　「まずは無償版よりはじめよ」で使い始め、少し慣れてきたら、「悩んだらまず ChatGPT に聞いてみよう」で色々試行錯誤してみると、予想外に有益な情報や示唆を与えてくれることも多い。

3　ChatGPT と契約書作成・チェック

　契約書の作成・チェックに関しては、現時点においては、無償版の ChatGPT よりも、Legal Force 社などが提供する優れた AI 契約審査サービス[2]の方が、タスクに対する応答の精度という面でも、個人情報・機密情報の漏えい防止という面でも優れている。今後も、ChatGPT の API 連携により、リーガルテックサービスのアプリケーションが次々と開発されていくと考えられる。ChatGPT 単体で使用するよりも、こうしたアプリケーションの利活用を検討すべきであろう。

4　ChatGPT と法律相談

⑴　法律相談への回答

　現時点の ChatGPT は、単体では、日本法の法律問題に対しピンポイントで正しい回答、あるいは相談者の意図に沿った回答をすることはできない。以下の ChatGPT の回答を見る限り、法的問題点に対する適切なアドバイスという側面では、それ単体ではおよそ実務での使用に堪えるアドバイスとは到底いえないであろう。

---

2)　「AI 契約審査プラットフォーム」（https://www.legalforce-cloud.com）

ただし、相談事例に関係すると思われる最高裁判例・下級審裁判例や関連文献を、一定の程度で検索することは、現時点でも可能である。ChatGPTでは関連文献や判例の検索はできないが、検索機能が付いている Microsoft Bing では検索システム上にある判例や文献の検索が可能である。

具体例6： クライアントからの法律相談への回答

Prompt:

私は弁護士です。顧客の女性から次のような相談を受けました。「婚約をした男性との結婚式の日程まで決めていましたが、男性との相性や性格の不一致について真剣に悩み、このことを告げた上で、婚約を破棄したいと告げました。すると、男性からは、結婚式のキャンセルには応じるが、慰謝料を請求すると言われました。私は、相手方の男性に、予定していた結婚式の予約が無駄になった費用は支払うが、慰謝料請求には応じられないと伝えました。私は、その男性からの慰謝料請求に応じなければならないでしょうか？」この相談に対して、弁護士である私は、どのように回答すべきでしょうか？なお、その男性は仕事を続けており、お金には困っていません。

私は法的なアドバイスを提供する資格を持っていませんが、一般的な情報をお伝えします。具体的なケースに応じた専門的なアドバイスを受けることをおすすめします。

結婚の婚約解消に関する法的な慣例は国や地域によって異なる場合があります。一般的に、婚約は法的な契約と見なされることがあり、契約の解消には一定の条件が存在する場合があります。

一般的に、婚約解消において相手方から慰謝料を請求されることは稀ですが、特定の国や地域では法的に可能な場合もあります。男性が慰謝料を請求する根拠は、予定していた結婚式のキャンセルによって彼が被った経済的損失や心理的苦痛に基づいている可能性があります。

しかし、男性が仕事を続けており、お金に困っていないとのことですので、彼が慰謝料を請求する理由が妥当かどうかはケースバイケースです。彼の主張には法的な根拠が必要とされる場合があります。

弁護士としては、まずは具体的な国や地域の法律を調査し、婚約解消に関するルールや慣習を把握することが重要です。また、婚約時の合意内容や法的な契約の要件、および地域の判例法などの要素を考慮しながら、クライアントの立場を弁護し、最善の解決策を提案する必要があります。

ですので、この相談に対しては、具体的な法的な情報やケースに応じた専門的なアドバイスを提供するため、クライアントとの個別の相談をおすすめします。弁護士として、クライアントの権利と法的な立場を守るために、詳細な情報を収集し、適切なアドバイスを提供することが求められます。

　また、クライアントからの法律相談に対し、難解な法律用語や判例を説明する際、ChatGPT が易しい言葉に言い換えてくれる。

具体例 7： 難解な法律概念の言い換え[3]

Prompt:

以下の文章を、高校生にも理解できるように、易しく言い換えてください。
###
労働者が労働日に長時間に亘り業務に従事する状況が継続するなどして、疲労や心理的負荷等が過度に蓄積すると、労働者の心身の健康を損なう危険があることは、周知のところである。労働基準法は、労働時間に関する制限を定め、労働安全衛生法65条の3は、作業の内容等を特に限定することなく、同法所定の事業者は労働者の健康に配慮して労働者の従事する作業を適切に管理するように努めるべき旨を定めているが、それは、右のような危険が発生するのを防止することをも目的とするものと解される。…使用者は、その雇用する労働者に従事させる業務を定めてこれを管理するに際し、業務の遂行に伴う疲労や心理的負荷等が過度に蓄積して労働者の心身の健康を損なうことがないよう注意する義務を負うと解するのが相当であり、使用者に代わって労働者に対し業務上の指揮監督を行う権限を有する者は、使用者の右注意義務の内容に従って、その権限を行使すべきである。
###

---

3) 最二小判平成 12 年 3 月 24 日労働判例 779 号 13 頁

労働者が働く日に長時間にわたって仕事をすることが続くと、疲れや心の負担などがたまり、労働者の健康に悪影響を及ぼす恐れがあることは、よく知られています。労働基準法では、働く時間に制限を設けており、労働安全衛生法の65条の3では、特定の業務に限定せずに、事業主は労働者の健康を考慮して適切に管理する努力をしなければならないと定めています。これは、危険を防ぐことを目的としています。

したがって、雇用主は労働者が行う仕事を指定し、管理する際に、疲労や心理的負担などが過度にたまって労働者の健康を害することがないよう注意する責任があります。また、雇用主の代わりに指揮監督をする権限を持つ者も、雇用主の注意義務に従ってその権限を行使すべきです。

(2) クライアントの心情に寄り添う

　しかし、少し視点を変えて、ChatGPT に、法律相談に対する回答そのものではなく、相談者を励ましたり、慰めたり、元気づけたりするアドバイスを求めると、非常に的確なアドバイスが返ってくる。このような柔軟なアイデアや発想が要求されるタスクは、ChatGPT が得意とするところであろう。クライアントの気持ちに寄り添うタスク、あるいはクライアントを説得するといったタスクのような、柔軟なアイデアや発想が要求されるタスクに対しては、ChatGPT を始めとした生成 AI を利活用する余地が極めて大きい。

具体例 8： 婚約の不当破棄の相談を受けた弁護士の対応

Prompt:
私は弁護士です。クライアントの女性から以下の相談を受けました。
###
昨年知り合った男性と結婚する約束をし、結婚式場の予約までしました。しかし、その男性は、その後たびたび精神不安定になってしまい、私といる時も暗い顔をしていることが多くなりました。私は彼を楽しませようと結構努力しましたが、彼は相変わらずつまらなさそうな顔をしていました。以前から、お金にかなり細かいところもあり、私は、彼との結婚を悩むようになりました。私は、彼にその気持ちを話し、彼に、今の状態では結婚してもうまくいかないだろうから、婚約を解消しましょう

と伝えました。すると、彼からは、婚約を解消するなら、今まで掛かった諸々のお金や慰謝料を払えと言われました。彼は、結婚式場のキャンセルには同意してくれましたが、お金の要求は相変わらずです。私は、彼に慰謝料を払わなければいけないのでしょうか？
###
この女性からの相談に対し、私は、彼女の気持ちにどのように寄り添ってあげればよいでしょうか？私は、法律の知識は豊富ですが、女性の気持ちがよくわかりません。彼女を元気づけてあげたいのですが、どのように答えれば、彼女は元気を出してくれるでしょうか？

 相談者の気持ちに寄り添いながら、以下のようなアドバイスをすることで、彼女を元気づけることができます。

1. 気持ちを共感する：彼女の感情や悩みを理解し、共感を示しましょう。「あなたが彼との結婚を悩んでいる気持ち、よくわかります」と伝えることで、彼女は自分の感情を認められたと感じ、安心するかもしれません。
2. 自己肯定感を高める：彼女に対して、彼女が冷静な判断を下したことや自分の感情に素直になったことを認め、称賛しましょう。「あなたは自分の幸せを考えて、婚約解消を選んだのですね。それはとても勇気のある決断です」と伝えることで、彼女の自己肯定感を高めることができます。
3. 適切な選択だったことを示す：彼女に対して、彼との関係がうまくいかない可能性を認識して婚約を解消したことが、将来的な幸福を追求する上で適切な選択だったと示しましょう。「彼の精神的な不安定さやお金の問題を考えると、婚約解消は将来の幸福を追求する上で正しい判断だったのかもしれません」と伝えることで、彼女に自信を持ってもらえます。
4. 法的な助言を提供する：彼女の法的な懸念に対しても対応しましょう。「慰謝料の支払いについては、法的な要素も考慮する必要があります。弁護士として、適切なアドバイスや解決策を提案しますので、一緒に話し合いましょう」と伝え、彼女の法的な不安を解消するためにサポートしましょう。

これらのアドバイスを通じて、彼女に寄り添い、彼女の心を励まし、自信を持たせることができます。ただし、具体的な法的助言は個別の事案に基づいて提供する必要がありますので、必要に応じて詳細な相談を行うことをおすすめします。

> **Prompt:**
> 適切な選択だったことを示す、というアドバイスについて、より詳しく
> 教えてください。

 適切な選択だったことを示すために、以下のような要素を考慮して
彼女にアドバイスをすることが重要です。

1. 悩みの根本的な原因を認識する：彼女の悩みの主な原因は、
   男性との関係がうまくいかないことや彼の精神的な不安定さ、
   お金の問題などである可能性があります。これらの要素を明
   確にし、彼女の悩みの根本的な原因を理解しましょう。
2. 現実的な視点からの判断：彼女が婚約を解消したことが、将
   来的な幸福を追求する上で現実的な選択だったことを示しま
   しょう。彼女が持っている情報や経験を踏まえ、将来の結婚
   生活において互いの幸福を妨げる可能性があることを客観的
   に考える必要があります。
3. 自己の幸福を重視する：結婚は一生に関わる大きな決断であ
   り、自己の幸福を最優先に考えることは正当な選択です。彼
   女に対して、自分自身の幸せを追求する権利があることを強
   調しましょう。幸せな結婚生活を築くためには、相手との相
   性や将来に向けた共通の価値観が重要であり、彼女がその点
   を考慮して判断したことを認めます。
4. 潜在的なリスクを警鐘する：彼女に対して、彼との結婚には
   潜在的なリスクがあることを説明しましょう。彼の精神的な
   不安定さやお金に対する細かさが、将来の関係や結婚生活に
   ネガティブな影響を及ぼす可能性があることを伝えます。彼
   女が早めの婚約解消を選択することで、将来的なトラブルや
   心の痛みを回避することができるかもしれません。

以上の要素を考慮しながら、彼女に対して適切な選択だったことを
示すためのアドバイスを提供しましょう。彼女が自分の感情と経験
に基づいて判断したことを認め、将来の幸福を追求する上での適切
な選択であったことを理解してもらうことが重要です。

⑶　**ChatGPT が生成した回答を持って来訪した相談者への対応**

　今後は、法律相談の相談者が、ChatGPT に法律相談をした結果をもって
来訪し、「ChatGPT は私の考えを正しいと言ってくれた」などと述べてくる
場合も予想される。弁護士が、相談者が持ってきた法律相談の回答が間違い

であると判断した場合、弁護士は、相談者に対し、どのようなアドバイスを
すればよいか。ChatGPT に聞いてみた。

具体例 9： ChatGPT の回答を持って来訪した相談者への対応

Prompt:
私は法律家として、大規模言語モデルの負の側面にも留意していかなけ
ればなりません。例えば、クライアントが chatGPT に法律相談をした
結果をもって事務所を来訪し、「chatGPT は私の考えを正しいと言って
くれた」と述べた場合、法律家としては間違いだと考えた時は、そのク
ライアントにはどのようにアドバイスすればよいですか？

 法律家として、クライアントに対して次のようなアドバイスをする
ことが重要です。

1. 大規模言語モデルは情報提供の一つであることを認識するよ
   うクライアントに伝えましょう。chatGPT は一般的な情報
   を提供することができますが、法的なアドバイスや正確な解
   釈を与える能力は限定されています。
2. クライアントに、chatGPT の回答や意見は専門的な法的助
   言ではないことを明確に説明しましょう。法律相談に関して
   は、専門知識を持つ法律家の助言が必要です。
3. クライアントに対して、chatGPT の回答を参考にする際に
   は、それを他の信頼性の高い情報源や専門家の意見と照らし
   合わせるように助言しましょう。異なる情報源や専門家の意
   見を総合的に考慮することが重要です。
4. クライアントの具体的な問題や状況について、十分に詳細を
   把握しましょう。chatGPT の回答がクライアントの状況に
   適用可能かどうかを判断するために、個別の事実や法的な要
   素を考慮する必要があります。
5. クライアントに、chatGPT の回答に頼る前に、法的な問題
   について相談を受ける専門家と直接話すことを奨励しましょ
   う。法律家はクライアントの個別のニーズに合わせて助言を
   提供できます。

クライアントに対して、大規模言語モデルの制約や限界を説明し、
専門的な法的助言を受ける重要性を強調することが必要です。また、

クライアントが誤解や誤った情報に基づいた判断を避けるために、適切な法的助言を求めるようサポートしましょう。

Prompt:

より一般的に、自分に不利な情報を全く顧みずに、自分に有利な情報のみに固執し、自分の出した結論が絶対であると言ってきかない相談者に対しては、どのような説得を試みるとよいでしょうか？

相談者が自分の立場に固執し、自分に不利な情報を無視する傾向がある場合、その相談者を説得するのは挑戦的な課題かもしれませんが、以下のアプローチを試すことができます。

1. 共感と理解を示す： 相談者の立場や感情を理解し、共感を示しましょう。彼らがなぜ特定の立場に固執しているのかを理解することは、コミュニケーションを構築する第一歩です。

2. 事実と証拠を提示： 冷静かつ客観的に、事実と証拠を提示しましょう。自分の意見や立場を裏付けるために信頼性のある情報やデータを示すことが大切です。相手に客観的な視点を提供し、議論を基に戻すのに役立ちます。

3. 質問を使って促す： 相手に質問を投げかけて、彼ら自身が自分の立場を再評価するきっかけを与えましょう。たとえば、「なぜその立場が最善だと思うのですか？」や「他の選択肢や視点は考慮しましたか？」などの質問を通じて、相手の考えを深堀りしましょう。

4. 利益と希望を強調： 相手に、自分の立場を変えることが彼ら自身の利益や望みに合致する方法であることを説明しましょう。自分に有利な情報だけに固執することが、最終的には彼らにとって不利益になる可能性を示すことが大切です。

5. 他の視点や意見を尊重する： 相手の立場を尊重し、他の視点や意見も有用であることを認めましょう。自分の立場だけが唯一の正しいものではないことを示すことが、相手の心を開かせるのに役立ちます。

6. タイムアウトをとる： 議論が熱くなり、感情的になる場合は、一時的に休憩を取ることを提案しましょう。冷静になる時間を取ることで、双方がより建設的な議論を行えるかもしれません。

7. 専門家の意見を求める： もし相談の対象が特定の専門分野に関するものであれば、専門家の意見や助言を求めることを提案しましょう。専門家の意見は客観的で信頼性があり、議論

を進めるのに役立ちます。

最も重要なのは、相手を攻撃せず、共感と理解を示し、建設的な対話を促すことです。また、相手が自分の立場を変えることを受け入れるかどうかは、その人の心理的な準備や状況に依存することもあるため、忍耐強くアプローチすることが大切です。

⑷ クライアントから話を「聞き出す」作業について

弁護士は、法律相談を受ける際、相談者から話を「聞く」だけでなく、話を「聞き出す」作業により、事実関係や証拠を探索し、相手方への反論に備える作業を行うのが通常である。

つまり、弁護士は、相談者から話をひと通り聞いて、紛争を巡る事実関係のうち重要と思われるポイントを見抜き、「そういう話であれば、この書類にこのように書いてあることと整合しない（あるいは矛盾する）のではないか？」、「それはなぜか？」、「そういう話であれば、こういう書類や証拠が別にあるはずだ。」、「相手方はこのように言っているが、それを裏付ける証拠はあるか（それと矛盾する証拠はないか）？」、「ないとすれば、それはどうしてか？」といった問いかけをし、相談者との対話を繰り返して、相談者の立場で仮説（ストーリー）を構築する。そして、構築した仮説に従い、法律構成を吟味検討した上、適切な法律構成を選択する。

そのための法律のリサーチには、類似する事案についての裁判例や文献の検索といった一定の限度で生成 AI を利活用することは可能である。しかし、仮説（ストーリー）の構築と法律構成の選択それ自体は、弁護士が専門家として、厳密かつ分析的な思考と大局的な思考の双方を駆使しながら行うべき作業である。

5 ChatGPT と交渉手続

⑴ 交渉前の準備と戦略立案

交渉の際には、法的結果の予測、金銭解決を行う場合のレンジ、お互いの

パイを増やす方法、信頼関係の構築方法など、検討すべき事項が様々にある。

　上記のうち、法的結果の予測には、緻密かつ分析的な思考が要求されるが、それ以外の場面では、むしろ柔軟かつ創造的なアイデアや発想が要求される。これらの柔軟かつ創造的なアイデアや発想が要求されるタスクに対しては、ChatGPT を使ったディベートやブレインストーミングが有効である。

　また、ChatGPT を交渉の相手方代理人に見立てたロールプレイも可能である。本来であれば練習相手としてもう一人の弁護士が必要となるところ、ChatGPT は、相手方代理人の優秀な弁護士役を務めてくれるため、実際の交渉の準備のほか、トレーニングにも有用である。

具体例 10 ： 賃貸物件の家賃交渉

> **Prompt:**
>
> 事例問題：賃貸物件の家賃交渉
>
> 背景：
> 会社 A はアパートを所有しており、個人 B がそのアパートを借りたいと考えています。会社 A は、現在の市場価格を考慮した上で家賃を設定しました。個人 B は、アパートの立地や条件を気に入っており、長期間の契約を希望しています。
> しかし、個人 B は、会社 A が設定した家賃は少し高すぎて、長期間住んでいると経済的に苦しくなってしまうのではないかと懸念しています。
>
> 問題：
> 会社 A と個人 B の代表者が、家賃に関する交渉を行います。どのような点を考慮すべきでしょうか？
> ステップバイステップの方法で検討し、両者が合意可能な結論を導き出してください。

 家賃交渉において、会社 A と個人 B の代表者が合意可能な結論に達するためには、以下のステップを考慮することが重要です。

ステップ 1 ：情報収集と準備

・市場価格：まず、アパートの立地や条件に基づいて、類似物件

の市場価格を調査します。他の同じ地域や近隣の賃貸物件の家賃相場を把握することで、現在の家賃が妥当かどうかを判断できます。
・アパートの特徴：アパートの状態や設備、提供されるサービスなどの特徴を明確にしましょう。これにより、家賃を設定する際の根拠を示すことができます。

ステップ２：交渉の目標と範囲の設定

・個人 B: 個人 B は経済的な負担を考慮しているため、自身が受け入れられる家賃の目安を明確に設定します。
・会社 A：会社 A は、アパートの維持管理や収益性を考慮して、受け入れられる家賃の目安を設定します。

ステップ３：ポジティブなコミュニケーション

・交渉は協力的でポジティブな雰囲気で行われると効果的です。双方が相手の立場を理解し、コミュニケーションを大切にすることが重要です。

ステップ４：折衝と妥協

・個人 B は、市場価格を下回る家賃を求めるかもしれませんが、会社 A も利益を考慮しています。双方が少しずつ妥協し、合理的な解決策を見つけることが重要です。
・家賃交渉だけでなく、長期契約を結ぶ場合は、個人 B の長期的な安定性や信頼性を考慮して、家賃の割引や特典を検討することも考えられます。

ステップ５：調停や仲裁

・交渉が難航する場合、中立的な第三者（不動産エージェントや調停者）を交えて話し合うことも検討できます。

ステップ６：最終合意と契約

・最終的な合意に達したら、条件を文書化した契約書を作成します。契約書には家賃額や特約条件、契約期間などが明記されます。

> これらのステップを通じて、会社Aと個人Bは相互理解を深め、
> 合意可能な家賃を見つけることができるでしょう。

　ChatGPT の回答では、「客観的な基準を用いる」（市場価格の調査、アパートの状態など根拠を示す）、「立場でなく利害に焦点を合わせる」（家賃の目安に関する双方の目標設定と合理的な解決策の探索）、「人と問題を分離する」（交渉を協力的でポジティブな雰囲気で行うことの重要性の指摘など）、「多くの選択肢を産み出す」（長期契約の場合は、家賃の割引や特典も検討する）といった、交渉の基本的事項[4]が考慮されている。

⑵　折衝点・妥結点の検討

　ChatGPT は、自己の要求・提案とその根拠、相手の要求・提案とその根拠、それぞれの主張に対する反論を生成することができるほか、妥協点の提案も可能である。

　すなわち、複数の利害関係人の要望を調整することで妥結点・折衝点を提案するといった形で、交渉にも利用できる。プロンプトに、各チームが置かれた法的状況、経済的状況、社会的状況を入力した上、「両者が合意できそうな折衝点を提案してください」と入力すると、妥協点・折衝点を提案してくれる。

　なお、以下の事例では、ChatGPT に対立当事者双方の代理人弁護士を務めさせてみた。人間の弁護士が現実の交渉で双方の代理人を務めることはできないが、ChatGPT による思考実験ならばこれが可能である。ChatGPT は一人二役だけでなく、三役もそれ以上も務めることができる。従前のブレーンストーミングやディベートでは、複数の人間が必要であったが、ChatGPT を使えばコンピュータを用いて一人でこれらを行うことができるので、非常に便利である。

---

4)　R. Fisher, W. Ury, B. Patton (2011). *Getting to yes: negotiating agreement without giving in* (3rd ed.). Penguin Books

具体例 11： 再開発計画をめぐる複雑な交渉とロールプレイ

Prompt:

東京都内の鉄道会社甲は、駅周辺の再開発計画を進めることを決定しました。再開発計画は都の指定する期限と条件に基づいており、駅周辺の土地を活用して商業施設やオフィスビルを建設する予定です。

しかし、甲が再開発計画を進めるためには、現在鉄道会社が所有している土地上に借地契約に基づき建物を建てて営業している地権者乙、丙、丁に立ち退いてもらう必要があります。

そこで、甲は、地権者乙、丙、丁と賃貸借契約の合意解約を巡る交渉を開始したいと考えています。

あなたは鉄道会社甲の代理人弁護士です。甲の立場にたった場合、どのような法的問題を検討し、乙らにどのような提案をすべきでしょうか？

鉄道会社甲の代理人弁護士として、甲の立場に立って法的問題を検討し、地権者乙、丙、丁に対する提案を行う際に考慮すべき要点は以下の通りです。

1. 借地契約の条件確認：最初に、地権者乙、丙、丁との借地契約を確認しましょう。契約内容や期間、解約条件、更新条件などを正確に把握することが重要です。特に、借地契約における解約条項について注意深く調査してください。

2. 都の再開発計画と法的根拠の確認：都の指定する期限と条件に基づく再開発計画の法的根拠をよく理解しましょう。計画が適法かつ正当なものであることを確認し、甲が計画を進めるために必要な手続きに従うことが重要です。

3. 地権者の権益保護：地権者乙、丙、丁の権益を適切に保護することが必要です。立ち退きによって生じる損害を最小限に抑えるように努めましょう。可能な限り円滑な交渉を行い、地権者の合理的な要求にも対応していくことが大切です。

4. 合意解約の条件と補償：借地契約の合意解約において、条件や補償金の内容を交渉しましょう。地権者乙、丙、丁が納得できるような適切な補償金や引っ越し費用などを提案することで、円満な解決につながる可能性が高まります。

5. 交渉の円滑化：交渉の過程において、地権者とのコミュニケーションを重視し、相手の意見や要望に耳を傾ける姿勢を示しましょう。冷静かつ誠実な交渉を通じて、双方が納得でき

る解決策を見つけることが重要です。
　6. 法的手続きの遵守：最終的に合意に達しない場合に備えて、法的手続きや立ち退きに関する規則を遵守することを忘れないようにしましょう。必要な場合には適切な法的措置を講じることで、再開発計画を進めるための手続きが円滑に進むことが期待できます。

これらの要点を考慮し、地権者乙、丙、丁との交渉を進めることで、鉄道会社甲の再開発計画の成功に向けて努力することが重要です。

Prompt:

今度は、あなたは乙の代理人弁護士となります。あなたは、甲の提案に対して、どのような対案を提示しますか？

乙の代理人弁護士として、甲の提案に対して以下のような対案を提示することが考えられます。

　1. 公正な補償の確保：甲の再開発計画による立ち退きに伴い、乙が所有する土地や建物を明らかな不利益なく、公正な評価で補償することを求めます。土地の市場価値や建物の資産価値を評価し、適切な補償額を提示することが重要です。
　2. 引っ越し費用のサポート：乙が駅周辺から立ち退く必要がある場合、引っ越し費用や転居に伴う手続きの負担を甲がサポートすることを要求します。新たな居住場所を見つけるための手続きや転居費用などを負担することで、乙の立ち退きに伴う負担を軽減することが可能です。
　3. 事業継続の配慮：乙が建物を借り上げて事業を営んでいる場合、甲の再開発計画による立ち退きによって事業が影響を受ける可能性があります。乙の事業を継続できるよう、適切な時間枠やサポートを提供することを甲に求めます。
　4. 交渉の透明性：乙が甲の再開発計画に関連する情報や計画に対して適切に知識を得ることができるよう、交渉の透明性を確保することを要求します。具体的な計画内容や進捗状況についての情報提供が重要です。
　5. 他の選択肢の検討：再開発計画による立ち退きが乙にとって最善の選択肢であるかどうかを検討します。他の地域への移転や、別の建物の賃借など、他の選択肢も検討する余地がある場合には、その可能性についても甲と協議することが重要

です。

6. 法的保護：乙の権益が十分に保護されるよう、必要に応じて法的手段を講じる用意を示します。紛争が生じた場合には、適切な法的措置を取ることで乙の権利を守る覚悟を示すことが大切です。

これらの対案を提示し、甲との交渉を進めることで、乙の権益を適切に保護しつつ、再開発計画の進行に対して相応の配慮を求めることが重要です。

Prompt:

鉄道会社と地権者の双方が合意できそうな妥結点は、どのあたりになるでしょうか？

鉄道会社と地権者の双方が合意できる妥結点は、具体的な交渉内容や当事者の立場によって異なりますが、一般的に以下のような点が考えられます。

1. 公正な補償額の確定：鉄道会社が提案する立ち退きに伴う補償額が、地権者にとって公正かつ適切なものであることが重要です。土地の市場価値や建物の評価額を基に補償額を確定し、地権者が納得できる範囲で合意することが望まれます。
2. 引っ越し費用のサポート：地権者が駅周辺から立ち退く必要がある場合、鉄道会社が引っ越し費用や転居に伴う手続きのサポートを提供することで、地権者の負担を軽減することが合意の一つとなるでしょう。
3. 事業継続の配慮：地権者が建物を借り上げて事業を営んでいる場合、鉄道会社が事業の継続を支援するための条件を提示することが重要です。事業の移転期間や、適切な立地条件を提供することで、地権者が事業を継続できるよう配慮することが合意のポイントになります。
4. 交渉の透明性：地権者が鉄道会社の再開発計画に対して適切な情報を得ることができるよう、交渉の透明性を確保することが大切です。計画内容や進捗状況についての情報提供が行われることで、地権者の理解が深まり、合意形成につながる可能性が高まります。
5. 法的保護：地権者が自らの権益を保護するために法的手段を講じる可能性に対しても、鉄道会社が対応策を提示すること

　　　　　が合意に向けた重要な要素です。法的紛争を回避するために、
　　　　　予め相互の合意に基づく対応策を協議することが望まれます。

　　　　　以上のような点を基に、鉄道会社と地権者がお互いの利益を尊重し、
　　　　　円満な妥結点を見つけることが合意形成の鍵となるでしょう。

　ChatGPT の回答では、「客観的な基準を用いる」（土地の市場価値や建物
の評価額を基にした補償額の算定）、「立場でなく利害に焦点を合わせる」
（地権者への公正な補償額の確保・地権者の事業継続への配慮の重要性、地
権者への引っ越し費用のサポートの必要性など）、「人と問題を分離する」
（地権者が鉄道会社の再開発計画に対し適切な情報を得られるように交渉の
透明性を確保すること、コミュニケーションを重視し相手の意見や要望に耳
を傾ける姿勢を示すことの重要性など）、「多くの選択肢を産み出す」（地権
者が他の地域への移転や別の建物の賃借などを検討する余地があるかを協
議）といった、交渉の基本的事項[5]が考慮されている。

6 ChatGPT と訴訟手続

⑴　訴状・準備書面の作成
ア　文書の要約・情報抽出（時系列の作成など）

　生成 AI は文書の要約や情報抽出のタスクが得意である。弁護士が自身で
作成した準備書面を生成 AI に要約させて、自身が強調したいポイントがき
ちんと伝わる準備書面になっているかどうかを確認する、という使い方が可
能である。また、シナリオの中から時系列順に事実関係を抽出するという使
い方も便利である。
　「context window」（入力できるトークン数の制限）があるため、あまり
に長い文章の要約や情報抽出には使うことができないが、それでも相当程度

---

5)　R. Fisher, W. Ury, B. Patton（1983）. *Getting to yes: negotiating agreement without giving in*. Penguin Books

の利便性はあるだろう。

　もっとも、このような使い方をする際には、顧客、相手方及び第三者の個人情報・機密情報はすべて抽象的な文字に置き換えるなど、厳重な注意が必要である。

具体例 12：　事案についての顧客の言い分の要約

Prompt：

次のシナリオを要約してください。
###
1．私は、この裁判で、原告から、連帯保証契約書を根拠として多額のお金の請求を受けています。
確かに、連帯保証契約書に押してある印鑑は私の実印ですが、連帯保証契約書に実印を押したのは私ではありません。
後日、連帯保証契約書に私の実印を押したのはAだと、A本人から聞きました。
このことについて、順を追って述べたいと思います。
2．2023年6月22日、Aは、「話があるんだけど」と言って、別の男性を伴って私の自宅を訪れました。
私は、何のことかはさっぱり分かりませんでしたが、取りあえず2人に居間に上がってもらいました。
Aは、一緒にいた男性Bさんを私に紹介しました。
Bさんは元銀行マンで、Aとはかつて不動産関連のファンド業務を一緒に行っていたということでした。
少しの間世間話をした後、Aは、私にお金に困っているという話をしました。
基本的にはAが話していて、たまにBさんが説明を付け加えるという形で話は進みました。
Aが言うには、Aが経営する会社が騙されて、資金繰りに困る状況になってしまい、今すぐ7000万円必要になったとのことでした。
Aは、困り果ててBさんを頼ったそうですが、Bさん自身はお金を持っていなかったため、Bさんの伝手で、Bさんの長年の友人が経営している原告会社から7000万円のお金を借りることになったというような話でした。
そのような話なら、私は関係ないではないかと言ったところ、Aは、「原告会社から、お金を貸す条件として、誰か連帯保証人を付けてほしいと言われた。だから、申し訳ないんだけど、連帯保証人になってほし

第1章　第2章　第3章　第4章　第5章　第6章

生成AIの法律事務所における利活用のデモンストレーション

い。絶対に迷惑は掛けないから。」と私に懇願してきました。

私は、Ａの会社が何故騙されたのかとか、何故そんな多額のお金が必要になるのかとか、いろいろ疑問はありましたが、ともかく驚き、困惑しました。

また、以前にもＡから「事業の運転資金としてどうしても必要だから」と言われ、Ａから頼まれて貸した1000万円のうち大部分の800万円がまだ返済されていないことにも言及し、「この前のお金もまだ返してもらっていないのに、また保証なんて。そんなお金はないし、無理。主人にも勝手に契約しちゃダメだときつく言われてるし。」と言って、連帯保証する話はきっぱりと断りました。

なお、このとき、連帯保証契約書の文案を見せられたことはありません。また、Ｂさんから、私の資産や収入の内容を聞かれたことも一切ありませんでした。

その後にも、Ｂさんや原告会社から、私の預貯金通帳、所有する不動産の登記簿謄本、私の給与明細の提出などを求められたことは一切ありません。

連帯保証することについての意思確認を求められたことも一切ありません。

原告からは、電話が掛かってきたことすらありません。

原告は、「Ａ個人への貸付については被告が連帯保証することが不可欠の条件であった」という趣旨のことを述べておりますが、連帯保証人としてそれ程重要である私に対して、原告自らが保証意思の確認を一切行わず、Ｂさんにすべて任せてしまうというのはとてもおかしい話だと思います。

3．2023年7月のある日、私は、自分の実印が無くなっていることに気付きました。

私は、自宅の1階にある台所の引き出しの中に実印を保管していました。

引き出しには鍵は架けておりませんでしたが、他人が台所に出入りして引き出しを勝手に漁るようなことはないだろうと思い、大事なものではありますが、引き出しに保管していました。

私は、慌てて夫に相談したところ、夫から、すぐに警察へ被害届を出した方がよいと言われ、夫に付き添ってもらって警察署へ行きました。

警察からはいろいろ事情を聞かれましたが、その日は取りあえず被害届を出しました。

結局、私の実印は、2週間ほど経ってから、台所の別の引き出しで見つかりました。

自分が探していたところとは違う場所で見つかりましたが、実印をその別の引き出しに入れていたことも確かにありました。

私は、何故自分の記憶とは違う場所で見つかったかは不思議でしたが、とにかく見つかってよかったと安心しました。

被害届は取り下げました。

4. 2024 年の 7 月頃、原告会社から突然連帯保証債務履行の催告書が私の元に送付されました。

私は、催告書を見て非常に驚き、手が震えました。

よく読んでみると、A の名前が書いてありましたので、私は、その日に早速 A を呼び出し、「これはどういうこと？」と問い詰めました。

A は、最初は「おばさんには迷惑掛けないから」とか何とか、しどろもどろになって話していましたが、結局、困り果てて私の実印を盗んで契約書に押したことを認めました。

A は、私の自宅の合い鍵をもっています。

また、台所へは、鍵の架けられていない裏戸口から簡単に出入りできるようになっています。

まだ小さい頃から何度も私の自宅に遊びに来ている A は、自宅の間取りを当然よく知っていました。

したがって、A が私や主人のいない間を見計らって台所の引き出しに行くことは十分可能です。

また、私は、A に実印の保管場所を教えたことはありませんが、A は、私の実印の保管場所も知っていたようです。

私は、A が実印を盗んで契約書に押したことは間違いないと思いました。実印が、私がいつもしまっていた引き出しとは違う場所で見つかったことにも合点がいきました。

5. この裁判で提出されている印鑑証明書は、連帯保証契約のために私が原告会社に提出したものではなく、A の賃貸借契約の保証人になるために A に手渡したものです。

そのことは、印鑑証明書の日付が、連帯保証契約書の日付よりもだいぶ古いことから分かります。

2023 年 2 月頃、私は、A から、賃貸借契約書を見せられ、「自宅とは別に居住用の物件を借りたい。家賃は僕が全額負担するし、迷惑は掛けないから、保証人となってほしい。」と頼まれました。

私は、夫から契約書にサインしてはいけないと言われていましたので、「自分の会社で借りればいいじゃない。」と言って、一旦は断りました。

ところが、A は、「事情があって、会社の名前は出せない。家賃のことで迷惑を掛けることはないから。」と言うので、私は、まあ賃貸物件の保証人になるくらいはいいか、と考え、台所まで行って実印を取り出してきて、賃貸借契約書にサインしました。

また、A から、「賃貸借契約書と一緒に叔母さんの印鑑証明書も必要だから、1 枚取ってきて僕に頂戴。」と頼まれましたので、私は、次の日、

生成 A I の法律事務所における利活用のデモンストレーション

市役所に行って印鑑証明書を取ってきて、Aに渡しました。
本件で提出されている印鑑証明書は、このときにAに渡した印鑑証明書に違いありません。
###

 このシナリオでは、次のような要点があります：

　　　・原告からの連帯保証契約書を根拠とした多額の請求が被告（話し手）に対して行われている。
　　　・被告は連帯保証契約書に押された印鑑が自分のものであるが、実際には自分が押したのではないことを主張している。
　　　・被告は後日、連帯保証契約書に自分の印鑑を押したのは別の人物（A）であると聞いた。
　　　・Aは被告の自宅を訪れ、資金が必要であると話し、被告に連帯保証人になるよう頼んだ。
　　　・被告は連帯保証することを断り、また連帯保証契約書の文案を見せられていない。
　　　・被告の実印が一時的に紛失し、被害届を出したが後に見つかった。
　　　・原告会社から連帯保証債務履行の催告書が送られてきた後、Aが実印を盗んで契約書に押したことを認めた。
　　　・提出されている印鑑証明書は、連帯保証契約に関連するものではなく、Aの賃貸借契約の保証人となるために提供されたものである。

　　以上がこのシナリオの要約です。

具体例13：　事実関係の時系列作成

> **Prompt:**
> 次のシナリオの中から、起こった出来事を時系列順に並べ替えてください。
> 起こった時間が特定されていない事実も、その前後の事実の間に入れてください。
> ###
> （略）（**具体例：事案についての顧客の言い分の要約**と同じシナリオ）
> ###

時系列順に並べ替えると以下のようになります：

1. 2023 年 2 月頃、原告 A から、「自宅とは別に居住用の物件を借りたい。家賃は僕が全額負担するし、迷惑は掛けないから、保証人となってほしい。」と頼まれるが、初めは断る。
2. 2023 年 6 月 22 日、A と B さんが私の自宅を訪れ、A は 7000 万円を必要としていると語る。
3. 2023 年 7 月のある日、私の実印がなくなるが、後に別の引き出しで見つかる。被害届を取り下げる。
4. 2024 年の 7 月頃、原告会社から連帯保証債務履行の催告書が送付され、A が私の実印を盗んで契約書に押したことを認める。
5. この裁判で提出されている印鑑証明書は、賃貸借契約の保証人として A に渡したものであり、連帯保証契約書に使用されたものではないことが確認される。
6. 2023 年 2 月頃から 2023 年 7 月までの間、原告 A は何らかの問題で 7000 万円を必要とし、私に連帯保証人となってほしいと要請するが、私は断る。

なお、他の事実が特定の日付に関連していない場合、それらの事実は関連する事実の前後に配置されました。

イ　ストーリー構築のためのテーマ・アイデアの提案

　訴訟においては、要件事実・間接事実を証拠に基づき主張することが重要であることは言うまでもない。

　しかし、単に要件事実やそれを推認させる間接事実をいくら詳細に羅列しても、それだけでは必ずしも裁判官の注意を自己の側に惹き付けることはできない。事案の重大性、事件が起きた構造的な要因、事件の社会的な影響などを含め、事件全体に関する自己の側の具体的なストーリーを示すことで、書面の内容が裁判官の印象に残るものとなる。「この事案において、裁判官に着目していただきたいポイントはどこか？」、「何故、このような紛争が発生したのか？」、「今後、同種の紛争を防止するためには、どのようにすべきであったか？」、「この事案で何故原告（又は被告）が勝訴しなければならないか？」といったことをアピールすることも重要である。

以下のプロンプトは、そのようなストーリー構築のためのテーマを提案させたものであり、非常に有益な使い方の一つである。

具体例 14： 裁判官の心情に訴えかけ、注意を惹くためのテーマの提案

Prompt:

医療過誤で子供を亡くした母親を原告とする訴訟において、原告が裁判官の心情に訴えかけ、注意を惹くために有効なテーマを 10 個提案してください。

 医療過誤で子供を亡くした母親が裁判官の心情に訴えかけ、注意を惹くための有効なテーマは以下の 10 個です：

1. 母親と子供の絆の強さ：原告が子供を深く愛していたことを強調し、家族の一員としての絆を描写することで、裁判官に感情的な共感を喚起する。
2. 未来への希望の失われ：子供の突然の死によって失われた未来の可能性や夢を描写することで、原告の心情を裁判官に伝える。
3. 親としての苦悩と責任：母親が子供を守るために尽力し、日々の苦悩と親としての責任感を強調し、裁判官に共感を呼び起こす。
4. 医療への信頼の失墜：原告が医療機関や医師に対して抱いていた信頼が崩れ、失望と怒りに満ちていることを示すことで、裁判官に社会的な重要性を伝える。
5. 家族の喪失と心の傷：子供の死によって家族が抱える喪失感と心の傷を描写し、原告が経験した精神的な苦痛を理解させる。
6. 他の過誤の例との比較：同様の医療過誤による事件の判例や報道を取り上げ、他の事例と比較することで、事件の深刻性を強調する。
7. 医療システムの欠陥と改善の必要性：医療システムの問題点や欠陥を浮き彫りにし、原告の経験が改善の必要性を訴える重要な事例であることを示す。
8. 社会的な影響と意義：子供の死が家族だけでなく、地域や社会に与える影響と意義を強調し、裁判官に公共の利益を考慮

させる。

9.　医療過誤防止へのメッセージ：裁判官に、この訴訟が類似の悲劇を防ぐための警鐘となる重要なメッセージであることを伝える。

10.　裁判官自身の家族との共感：原告と同様に裁判官も家族を持ち、子供を愛する親である可能性があることを示し、共感を促す。

Prompt:

医療への信頼の失墜、医療システムの欠陥と改善の必要性、医療過誤防止へのメッセージの各テーマについて、もっと詳しく教えてください。

 もっと詳しく、各テーマについて説明します。

1.　医療への信頼の失墜：医療過誤によって子供を失った母親は、医療機関や医師に対する信頼を完全に失っています。医療への信頼は患者や家族にとって極めて重要であり、医療従事者に対しては、命や健康を託す信頼が置かれます。しかし、医療過誤が発生すると、その信頼は根底から揺らぎます。原告は、信頼を失うことによってどれだけ深い心の傷を負ったか、また他の患者にも同様の信頼の喪失が及ぼす社会的な影響を示すことで、裁判官に感情的な共感を喚起します。

2.　医療システムの欠陥と改善の必要性：医療過誤の事件は、単なる個別のミスではなく、時には医療システム全体に根深い欠陥があることを浮き彫りにします。例えば、コミュニケーション不足、手順の欠陥、診断の誤り、スタッフの疲労、過重な負担などが医療システム内に問題を引き起こす原因となります。原告は、この事件が医療システムの構造的な問題や問題の深刻さを明らかにし、改善の必要性を裁判官に示すことで、同様の事故を未来に防ぐ重要な切り口を提供します。

3.　医療過誤防止へのメッセージ：原告が裁判官に訴える最も重要なメッセージの一つは、同様の医療過誤を未来に防ぐための警鐘です。この訴訟が公になることで、医療機関や医師に対して再び検証と改善の意欲が高まることが期待されます。原告は、自らの悲劇を通じて、医療過誤の根本原因となる要因への目を向け、予防策の重要性を強調することで、医療界全体に対して改善を促す役割を果たします。また、患者や家族にもより良い医療ケアを求める意識を高める助けとなるで

しょう。

> これらのテーマを効果的に伝えるために、原告は証拠を提出し、感情豊かな証言を行い、説得力のある専門家の意見を引用するなどの手法を用いることが重要です。同時に、法的な側面にも焦点を当て、責任の所在や損害の評価などを的確に主張することが訴訟の成功につながるでしょう。裁判官は感情に訴えかけるだけでなく、法律と公正さを重視する立場にあるため、バランスの取れたアプローチが求められます。

ウ　法律文書のひな形生成

　簡単な法律文書であれば、入力すべき項目と各項目についての　情報を入力し、フォーマットを指定すれば、直ちにひな形を生成してくれる。

　また、起案する文章に関し、状況に即した適切なスタイル（フォーマルな表現か、くだけた表現か、など）やトーン（喜怒哀楽を適宜交えた表現とするか否か、など）を選択したり、語彙をブラッシュアップしあるいは法律用語を簡潔な言葉に言い換えたりすることにも使うことが可能である。

(2)　書証の提出・裁判所を通じた各種申立書の作成

　生成 AI が出力した結果は、そのままでは証拠価値が低い（裁判所も、生成 AI の出力結果に誤りがあることは当然知っていると考えるべきであろう。初期のウィキペディア並みの証拠価値しかない。）。しかし、Microsoft Bing は、出力内容の裏付けとした URL（リファレンス）も一緒に出力してくれるので、その URL のリンク先の情報の信頼性を確認した上で、信頼性があると判断できれば、これを書証として提出すればよい。

(3)　人証調べ

　陳述書を入力して尋問事項を提案してくださいと指示すると、そのままでは使えないが、手直しすれば十分本番で使えるレベルの尋問事項を生成してくれる。

　このとき、時系列と 5W1H が明確で意味に曖昧性がない、いわゆる「良い陳述書」を入力すると、良さの程度に応じて希望に近い尋問事項が生成さ

れる確率が高まる。事実関係に前後矛盾があったり、表現が主観的あるいは曖昧な、いわゆる「悪い陳述書」を入力したりすると、悪さの程度に応じて尋問事項も悪くなる。事件の争点だけでなく、当事者を巡る人間関係、業界の慣行なども含む事件の背景事情をストーリーとして提示しておくと、ChatGPT はそのストーリーに従って適宜重要な情報を選択し、尋問事項の形に落とし込んでくれる。

　結局のところ、それまでに提出した準備書面と収集・提出した証拠に基づき、動かし難い事実と事件の争点を中心とした説得的なストーリーを提示する「良い陳述書」を作成することが肝要ということであろう。

　もっとも、ChatGPT がそれらしい尋問事項案を生成したからといって、実際の尋問に堪える完璧な尋問事項である保証は全くない。むしろ、当然に加筆・修正が必要となると考えるべきである。ChatGPT にすべてを依存することは不可能であるし、間違った使い方でもある。必ず弁護士自身の目で、尋問事項に漏れや矛盾などがないかを確認・検証して本番に臨むべきである。

具体例15： 陳述書に基づく尋問事項案の作成

Prompt：
次のシナリオから、民事裁判で「私」に対する尋問事項を提案してください。
尋問事項は一問一答形式でお願いします。
質問は、なるべく「私」が答えやすいよう、簡潔な質問にしてください。
出力は、"Q" と "A" の形式でお願いします。
###
（略）（**具体例：事案についての顧客の言い分の要約**、**具体例：事実関係の時系列作成**と同じシナリオ）
###

Q1：連帯保証契約書に押してある印鑑はあなたの実印ですか？
A1：はい、連帯保証契約書に押してある印鑑は私の実印です。

Q2：連帯保証契約書にあなたの実印を押したのは誰ですか？

A2：私ではありません。後日、連帯保証契約書に私の実印を押したのはAだと、A本人から聞きました。

Q3：Aに対して、連帯保証人として契約する話があったことを認識していますか？

A3：はい、Aから連帯保証人になってほしいとの懇願を受けましたが、私は断りました。

Q4：原告会社からの連絡や連帯保証についての意思確認がありましたか？

A4：いいえ、原告会社からの連絡や連帯保証についての意思確認は一切ありませんでした。

Q5：自宅の合い鍵を持っている人はいますか？

A5：はい、Aが私の自宅の合い鍵を持っています。

Q6：自宅の引き出しに保管していた実印が無くなったとき、警察に被害届を出しましたか？

A6：はい、自宅の引き出しに保管していた実印が無くなったとき、警察に被害届を出しましたが、後に別の引き出しで見つかり取り下げました。

Q7：印鑑証明書は連帯保証契約のために提出したものではなく、Aの賃貸借契約の保証人として渡したものですか？

A7：はい、印鑑証明書は連帯保証契約のために提出したものではなく、Aの賃貸借契約の保証人として渡したものです。

Prompt:

ありがとうございます。もっと詳しい尋問事項を一問一答形式で出力してください。

 Q：連帯保証契約書に押してある印鑑は、あなたの実印ですか？

A：はい、連帯保証契約書に押してある印鑑は私の実印です。

Q：連帯保証契約書に実印を押したのはあなたではありませんか？

A：いいえ、私が連帯保証契約書に実印を押したことはありません。

Q：連帯保証契約書にあなたの実印を押したのは A ですか？

A：はい、後日、連帯保証契約書に私の実印を押したのは A だと A 本人から聞きました。

Q：A が連帯保証契約書にあなたの実印を押した理由は何ですか？

A：A は連帯保証契約書に私の実印を押したことを認めましたが、具体的な理由については知りません。

Q：A が連帯保証契約書にあなたの実印を押した際、その場には誰がいましたか？

A：連帯保証契約書に私の実印を押す場面には、私と A 以外の人はいませんでした。

Q：2023 年 6 月 22 日、A と一緒にいた男性 B さんとの会話の内容を詳しく教えてください。

A：A と B さんとの会話では、A が経営する会社が騙されて資金繰りに困っている状況や、原告会社から 7000 万円の借入を得るために連帯保証人を探しているという話がありました。

Q：A が連帯保証を依頼してきた際、あなたはどのように反応しましたか？

A：A が連帯保証を依頼してきた際、私は A に対して連帯保証することを断りました。

Q：A からの借金の返済に関して、以前 800 万円を貸していると述べましたが、その返済はまだされていないのですか？

A：はい、以前に貸した 800 万円の返済はまだされていません。

Q：Aや原告会社から、連帯保証するために資産や収入の証明を求められたことはありますか？

A：いいえ、Aや原告会社から、連帯保証のために資産や収入の証明を求められたことはありません。

Q：原告会社からの連絡や連帯保証についての意思確認はありましたか？

A：いいえ、原告会社からの連絡や連帯保証についての意思確認は一切ありませんでした。

Q：自宅の合鍵を持っている人はいますか？もしある場合、その人物の名前を教えてください。

A：はい、自宅の合鍵を持っている人物としてはAがいます。

Q：自宅の引き出しに保管していた実印が無くなったとき、警察に被害届を出しましたか？

A：はい、自宅の引き出しに保管していた実印が無くなったとき、私は警察に被害届を出しましたが、後に別の引き出しで見つかり取り下げました。

Q：印鑑証明書は連帯保証契約のために提出したものではなく、Aの賃貸借契約の保証人として渡したものですか？

A：はい、印鑑証明書は連帯保証契約のために提出したものではなく、Aの賃貸借契約の保証人として渡したものです。

⑷　和解

　判決をもらうか和解するかの選択・意思決定は、しばしば専門家である弁護士自身にとっても困難を伴う場合がある。また、仮に専門家として和解をした方が得策であると考えても、顧客が和解に対し拒否的であり、説得に苦慮する場合もある。そのようなとき、ChatGPT は、顧客を説得する際のポイントや心構えについてのアドバイスをしてくれる。時には弁護士自身が気付いていないポイントを提示してくれることもあるので、もし顧客の説得に

悩んだときは、とりあえず ChatGPT に聞いてみることも、選択肢の一つとしてお勧めしたい。

具体例 16：　判決か和解かの意思決定と顧客の説得

> **Prompt:**
>
> 私は、弁護士です。あるクライアントから、相手方に対し 300 万円の支払いを求める訴訟の委任を受け、現在訴訟が進行中です。私は、判決を受けた場合にもらえる金額は 100 万円未満であると考えています。しかし、クライアントは、200 万円以上もらわなければ納得できないと述べています。私は、訴訟の状況に鑑みて、クライアントに対し、判決をもらうより、100 万円もらう和解をした方が得策であることを説得したいと考えています。あなたなら、クライアントに対し、和解をした方が得策であることを、どのように説得しますか？

 弁護士としてクライアントに和解を提案する際に、以下のようなアプローチを検討することができます。和解が得策である理由を説得する際には、法的な観点だけでなく、実務的な側面も考慮して説明することが大切です。

　1.　法的リスクの評価：
　　　・現在の訴訟の状況や証拠をもとに、判決が出た場合にクライアントがもらえる金額を再評価し、100 万円未満である可能性を明示します。これには過去の類似の判例や裁判官の過去の判断を考慮することが含まれます。
　2.　時間とコスト：
　　　・訴訟は時間とコストがかかります。訴訟が長期化すれば、弁護士の費用や裁判費用が膨らむ可能性があり、クライアントの利益を減少させる恐れがあります。
　3.　不確実性の要因：
　　　・訴訟は不確実性の要因が多く、判決が出るまで結果を確定することは難しい場合があります。和解を通じて確実な結果を得ることができます。
　4.　和解の利点：
　　　・和解は即座に資金を受け取ることができ、クライアントの財政状況を改善し、追加の法的手続きやリスクを回避することができます。

5. 対抗意見の検討：
・一般的な法的意見や訴訟における成功率だけでなく、相手方の立場や資産状況、将来の法的行動についても検討します。相手方が支払い能力が限られている場合、和解が現実的な選択肢であるかもしれません。

6. クライアントの目標：
・クライアントの具体的な目標や利益を理解し、それらを考慮に入れた上で、和解がその目標を達成する手段であることを説明します。

7. 和解の条件：
・クライアントが和解に同意する場合、具体的な和解条件（金額、支払いスケジュール、非開示条項など）を詳細に議論し、クライアントの利益を最大限に守るよう努力します。

このようなアプローチで、クライアントに和解を提案し、その得策性を説明することができるでしょう。最終的な決定はクライアントに委ねられますが、弁護士の専門知識とアドバイスを通じて、クライアントが最善の選択をする手助けができます。

Prompt:

ありがとうございます。クライアントを説得し過ぎると、クライアントから、弁護士の能力が足りないから熱心に説得してくるのだ、と思われかねないのが辛いところです。あなたなら、弁護士の能力不足と思われないために、どのように説得しますか？

弁護士として、クライアントが適切な情報とサポートを受け取ることが大切です。説得において、クライアントが弁護士の専門知識や能力に自信を持ってもらえるような方法を取ることが重要です。以下はそのためのアプローチです。

1. 分かりやすい情報提供：
・説得の際には、法的専門用語を避け、クライアントに理解しやすい言葉で説明します。クライアントが訴訟の状況やリスクを十分に理解できるように努力します。

2. 適切な質問と対応：
・クライアントの質問や懸念に対して、親身に対応します。クライアントが何を不安に思っているのかを理解し、それ

に対する明確な回答を提供します。

3. 過程への参加：
　・クライアントを訴訟の過程に積極的に参加させます。クライアントの意見や希望を尊重し、共同で戦略を立てるよう努力します。

4. 過去の実績の共有：
　・弁護士の過去の成功事例や実績をクライアントに共有し、専門知識と経験を示します。これにより、クライアントは弁護士の能力をより信頼できるでしょう。

5. 目的のクリアな理解：
　・クライアントの目標や望む結果を明確に理解し、それを達成するための最善の方法を提案します。クライアントの利益を最優先に考える姿勢を示します。

6. オプションの提示：
　・和解以外にも、訴訟の他のオプションも説明します。クライアントには選択肢があることを知らせ、最終決定をクライアントに委ねる姿勢を示します。

7. コミュニケーションの透明性：
　・クライアントとのコミュニケーションを透明かつ頻繁に保ちます。進捗状況や重要な情報を共有し、クライアントに安心感を与えます。

以上のアプローチを通じて、クライアントに対して弁護士としての信頼性を高め、クライアントが能力不足と思わないように努力します。クライアントにとって最善の選択を支援し、共に最良の結果を目指すことが重要です。

7　ChatGPT と刑事弁護

　民事事件に限らず、ChatGPT を活用できる場面は多い。例えば、刑事弁護において示談の際に示すお詫び文は、被害者の方に対する真摯なお詫びの気持ちを表明する重要な書類であり、論理的な側面ももちろん重要ではあるが、被害者の方の被害感情に寄り添うといった感情面への配慮が極めて重要である。ChatGPT はそのようなタスクにも長けている。もちろんお詫び文も、ChatGPT が生成したものを手直しせずにそのまま用いることは全くお

勧めできない。あくまで、被害感情への配慮の仕方やお詫びの表現を参考として使う程度に留め、お詫び文自体は弁護士自身が作成すべきであろう。なお、示談の際には、弁護士の謝罪文だけでなく、被疑者本人の謝罪文も一緒に被害者の方にお渡しすべきであろう。

■具体例17：示談の際に参考となるお詫びのポイントやフレーズを含む謝罪文の作成

> **Prompt:**
> 私は、刑事弁護を受任した弁護士であり、窃盗事件の被疑者の弁護人を担当しています。被疑者はコンビニでいくつかの商品を万引きしました。そこで、私は弁護士として、そのコンビニの店長に、被害弁償のお金をお渡しするとともに、留置場に入っている被疑者に代わってお詫びを申し上げたいと思っています。そこで、被疑者に代わってお詫びの気持ちをよく表した文章を提案してください。

 尊敬する店長様へ、

私は刑事弁護士として、窃盗事件の被疑者の弁護を担当しております。この度は、被疑者が貴重なお時間を奪ってしまい、誠に申し訳ございません。

まず、このような出来事が起こったことについて、被疑者と私の両方から心からのお詫びの意をお伝え申し上げます。被疑者は自らの行為に対して深く反省し、再び同様の過ちを犯さないことを誓っております。

また、被害に遭われたコンビニへの被害弁償につきましては、私が直ちに責任を持って手続きを進めさせていただきます。被疑者は犯した過ちに対し、善意を持ってお詫びの気持ちを示したいと考えております。私と共に協力し、必要な手続きを円滑に進めることができれば幸いです。

被疑者が刑事手続きに従い、法的な責任を果たすことはもちろんですが、同時に被害者への配慮も重要であると強く信じております。私と被疑者は、この出来事から学び、社会的な再統合を果たすため

に真摯に取り組んでまいります。

被疑者がこの過ちから立ち直り、誠実な市民としての道を歩むことができるよう、引き続き全力でサポートしてまいります。被害者である貴店に対しても、再び信頼と安心を取り戻していただけるよう、被疑者とともに努力してまいります。

最後になりますが、私自身もこのような出来事が起こらないよう、犯罪の根絶に向けて貢献してまいります。ご協力の程、何卒よろしくお願い申し上げます。

刑事弁護士［あなたの名前］

2／2
尊敬する〇〇様、

私は〇〇と申します。私のクライアントである〇〇（被疑者名）の弁護人を務めております。

まず最初に、〇〇コンビニでの万引き事件に関して、深くお詫び申し上げます。私のクライアントがこのような行為に及んだことについて、私自身も弁護士として心から反省しております。

万引きという行為は、社会的に受け入れがたいものであり、絶対に許容されるものではありません。私のクライアントは自身の行動に対して認識を改め、再び社会の一員として適切な道を歩んでいく覚悟を持っております。

そのため、私は被疑者に代わり、被害を受けた〇〇コンビニの店長様にお詫びを申し上げたく思います。被疑者は自らの行為によって店舗の信頼を損ない、経済的な被害をもたらしましたことを深く反省しております。

この場を借りて、被疑者の意思を代弁し、真摯なお詫びの気持ちをお伝えしたく存じます。彼は過ちを犯し、誤った道に迷いましたが、その過ちから学び、再起するために必要な努力を惜しまない覚悟を持っております。

また、この件についての被害のお詫びとして、経済的な補償をお約

第1章
第2章
第3章
第4章
第5章
第6章

生成ＡＩの法律事務所における利活用のデモンストレーション

束いたします。私たちは法的手続きを通じ、被害額を適切に精算させていただきますので、ご安心ください。

最後に、被疑者が今後社会的な責任を果たし、立ち直るために、精一杯の努力を払っていくことをお約束いたします。再び同様の過ちを繰り返すことなく、真の反省を胸に、誠実な生活を送るよう助言し、支援してまいります。

ご多忙中誠に恐れ入りますが、このお詫びの気持ちを受け取っていただけると幸いです。何卒、私たちの誠意をご理解いただき、被疑者の再起に対して温かいお手をおかけいただければ幸いです。

敬具

〇〇（弁護士名）

ChatGPT が生成したお詫び文に手を入れたものを一例として示す。

お詫び

〇〇　店長
〇〇〇〇　様

令和〇年〇月〇日
被疑者〇〇〇〇　弁護人
弁護士　〇〇〇〇

拝啓
　私は、この度〇〇（被疑者名）がご迷惑をお掛けしました窃盗被疑事件の弁護人を務める弁護士です。
　被疑者のみならず、私からも、万引きという許されざる行為によって〇〇様に多大なるご迷惑をお掛けしましたことを深くお詫び申し上げます。
　被疑者自身も、別添のお詫び文のとおり、自らの過ちを深く反省し、再び同様の過ちを犯さないことを誓っております。
　被疑者は、自らが犯した過ちに対し、〇〇様に対する真摯なお詫びの気持ちを申し上げ、〇〇様の被害への金銭的な補償をさせて頂きたい旨述べております。
　〇〇様が遭われた被害の弁償につきましては、当職が責任を持って直ちに手続を進めさせて頂きたいと存じます。併せて、今後の被疑者の更生に向け

た指導に尽力する所存です。

　何卒よろしくお願い申し上げます。

敬具

8　法律事務所のマネジメント／弁護士の転職活動など

　以下の具体例は、いずれも狭義の弁護士業務以外に、法律事務所における業務その他の色々な場面で、実際上役に立つと思われる ChatGPT の使い方の具体例を示したものである。

　ChatGPT の使い方は、以下に挙げたものの他にも無数に存在すると思われる。ユーザー自身が色々と試行錯誤を重ね、アイデアや発想を拡げることで、さらに面白く、かつ有益な使い方を色々と発見できるであろう。

具体例 18：所内勉強会のテーマの提案

> **Prompt:**
>
> 私は知的財産権（特許法、商標法、著作権法、意匠法、不正競争防止法など）を専門的に取り扱う法律事務所に所属する弁護士です。私自身は、知的財産権法以外にも、一般の民事事件、家事事件、企業間紛争、医療過誤訴訟、コンピュータプログラム開発訴訟、不動産関係訴訟、刑事事件など、幅広い業務分野を担当しています。今度、事務所内で勉強会を開催することになり、私が担当者に選ばれました。他の弁護士は、知的財産権に関連する分野について興味を持つと予想されますが、私自身は知的財産権に関するテーマをあまり扱いたいと思いません。ただ、他の弁護士が興味のない分野のテーマを選択しても、勉強会がつまらないものになるのではないかと心配です。そこで、あなたが私の立場に立ったら、どのようなテーマを選択しますか？考えられるテーマをいくつか提案してください。

 勉強会のテーマを選ぶ際、多様な業務分野を担当する法律事務所の弁護士向けに興味深いトピックを提案します。これらのテーマは、

知的財産権に関するものではなく、幅広い分野に関連しています。勉強会を魅力的で有益なものにするために、以下のテーマを考慮してみてください：

1. 法律技術と法律業界の未来：法律業界は急速に変化しており、テクノロジーの進化が法的プラクティスにどのように影響を与えているかについて議論しましょう。特に、人工知能、ブロックチェーン、デジタル契約などのテクノロジーが法律にどのように適用されているかを取り上げることができます。
2. 法的エシックスとプロフェッショナリズム：弁護士としての倫理規定やプロフェッショナリズムについて深堀りしましょう。倫理的なジレンマや法廷での適切な行動について討論することは、弁護士にとって重要です。
3. 法的テクニックとコミュニケーションスキル：法的なスキルだけでなく、コミュニケーションスキルも弁護士にとって不可欠です。効果的なコミュニケーションの方法やクライアントとの対話技術について話し合いましょう。
4. リーダーシップとチームビルディング：弁護士としてのリーダーシップスキルの開発や、チームでの効果的な協力方法に焦点を当ててみてください。法律事務所でのリーダーシップの役割について考察しましょう。
5. 法律事務所の経営と戦略：法律事務所の経営、成長戦略、クライアント獲得について議論しましょう。事務所内のビジネスプロセスや財務管理についても取り上げることができます。

これらのテーマは、知的財産権以外の分野に関連しており、多くの弁護士にとって興味深いものである可能性があります。知識やスキルの幅を広げ、法的プラクティス全体に関する理解を深めることに役立つでしょう。

具体例 19： 事務所旅行のプランの提案

Prompt:

私はある法律事務所を経営する弁護士です。弁護士は 4 人雇っており、事務員も 4 人おります。彼らには日頃よく働いてもらい感謝しています。彼らを慰労するために、何かイベントを行いたいと思ってます。何か良い案はありますか？

素晴らしいですね！従業員を慰労するイベントを計画することは、チームのモチベーションを高め、結束を強化する素晴らしい方法です。以下にいくつかのアイデアを提案します。

1. 懇親会やパーティー：オフィス外で従業員との交流を深めるために、懇親会やパーティーを開催することができます。食事や飲み物を提供し、リラックスした雰囲気の中で楽しい時間を過ごしましょう。
2. チームビルディングアクティビティ：チームビルディングアクティビティは、チームの結束を高めるのに役立ちます。アウトドアアクティビティ、エスケープルーム体験、クイズ大会などの活動を企画して、従業員同士の協力やコミュニケーションを促進しましょう。
3. 表彰式：優れた成果や貢献をした従業員を表彰する式典を開催することも考えてみてください。パフォーマンスに基づいた賞や感謝状を贈呈し、従業員の努力と成果を称えましょう。
4. プロフェッショナルなスキル向上：従業員のスキル向上や成長を促すために、セミナーやワークショップを開催することも良いアイデアです。法律に関連するトピックやスキルを強化する機会を提供し、従業員の専門性を高めましょう。
5. 社外イベント参加：業界のイベントやセミナーに従業員を参加させることで、他の専門家とのネットワーキングや知識の共有の機会を提供します。従業員が最新の動向を把握し、業界内でのつながりを広げることができます。

これらのアイデアを元に、従業員のニーズや興味に合わせたイベントを計画してみてください。また、従業員自身にアイデアを募集することも、彼らの参加意欲を高める方法です。

Prompt:
他の事務所の経営者は、毎年事務所旅行を主催すると言っていました。事務所旅行の開催については、どうお考えですか？

事務所旅行は、チームビルディングや従業員の慰労に非常に効果的な手段です。従業員同士の親睦を深め、楽しい時間を過ごすことで仕事へのモチベーションを高めることができます。そのため、事務所旅行の開催は素晴らしいアイデアです。
事務所旅行を計画する際には、以下の点に留意することが重要です。

1. 予算の確定：旅行には予算が必要ですので、事前に予算を確定し、旅行のスケールや宿泊施設、交通手段などを計画しましょう。
2. 参加者の意見を聞く：事務所の全従業員が参加できる日程や目的地についての意見を集め、参加者が納得できる旅行プランを作成しましょう。従業員たちの参加意欲を高めるために、彼らが楽しめるアクティビティや目的地を考慮することも重要です。
3. プログラムのバランス：旅行中には楽しいアクティビティや観光を計画する一方で、チームビルディング活動や従業員同士の交流を促す時間も設けましょう。グループディナーやチームゲームなど、コミュニケーションと協力を深める機会を作ることが大切です。
4. 万全の計画と配慮：旅行中の安全面やアクセシビリティについても十分な配慮が必要です。宿泊施設や交通手段、現地の状況などを事前に確認し、安心して旅行を楽しめる環境を整えましょう。

事務所旅行は、従業員にとって楽しみなイベントとなるでしょう。チームの結束力やモチベーション向上に大いに役立つと考えられますので、ぜひ計画してみてください。

Prompt:

留意点まで教えていただき、ありがとうございます！　例えば、以下の条件で、計画を立ててもらえませんか？　①参加者は事務員5人、弁護士5人の計9人　②予算は50万円程度　③1泊2日　④東京から近い温泉街

 条件に基づいて事務所旅行の計画を立ててみます。

目的地：東京から近い温泉街

日程：1泊2日

予算：50万円程度

プランの一例：

1日目：

- ・午前中：出発と移動
- ・昼食：目的地の温泉街で地元の名物料理を楽しむ
- ・午後：温泉街周辺の観光や散策
- ・夕食：温泉旅館での豪華な懐石料理
- ・夜：温泉でリラックス

2日目：

- ・朝食：温泉旅館の朝食
- ・午前中：チームビルディング活動（例：アウトドアアクティビティ、クイズ大会、チームゲームなど）
- ・昼食：目的地のレストランで軽食
- ・午後：自由時間（個別の趣味や興味に応じた自由行動）
- ・夕方：解散と帰路へ

このプランでは、予算内での温泉街での滞在を含め、チームビルディング活動や自由時間を設けています。温泉街ではリラックスできる環境を提供し、現地の名物料理や地元の観光を楽しむことができます。

ただし、具体的なプランや宿泊施設の選定には詳細な情報が必要です。予算内での宿泊施設や交通手段の選択、アクティビティの調整など、現地の情報や参加者の希望に基づいて計画を詳細化することをおすすめします。また、参加者のスケジュールの調整や意見を取り入れることも重要です。

計画の最終的な決定には、参加者の意見や希望を考慮しながら、予算や条件に合った最適なプランを作成してください。

具体例 20 ： 生成 AI を利用した法律事務所のマーケティング

Prompt:

あなたは極めて優秀なマーケティング AI です。生成 AI をマーケティングに利用する方法を箇条書きで提案してください。

ありがとうございます！生成 AI をマーケティングに利用する方法を箇条書きで提案します：

1. コンテンツ作成：生成 AI を使用してブログ記事、ソーシャルメディア投稿、ウェブサイトのコンテンツなどを自動生成し、コンテンツ制作の効率を向上させます。
2. パーソナライズドコンテンツ：顧客のデータや行動に基づいて生成 AI を活用し、個別のパーソナライズドメッセージを作成して、顧客エンゲージメントを向上させます。
3. インタラクティブなコンテンツ：生成 AI を使って、インタラクティブな要素を取り入れたコンテンツ（クイズ、投票、ストーリーなど）を作成して、ユーザーとの関係を強化します。
4. マーケティングコピーの最適化：生成 AI を利用して広告やキャッチコピーをテストし、効果的なバージョンを見つけるための A/B テストに活用します。
5. ニュースレターやメールマーケティング：生成 AI を使って、顧客に対してパーソナライズされたニュースレターやメールを送信して、クリック率やコンバージョン率を向上させます。
6. SEO 対策：生成 AI を活用して、検索エンジン最適化（SEO）のためのキーワードやメタデータを自動生成し、ウェブサイトのランキングを向上させます。
7. ソーシャルメディアマネジメント：生成 AI を利用して、ソーシャルメディアの投稿スケジュールを最適化し、適切なタイミングで効果的なコンテンツを配信します。
8. カスタマーサポート：生成 AI を導入して、自動応答システムを構築し、24/7 のカスタマーサポートを提供します。
9. マーケティング予測と洞察：生成 AI を使用して市場トレンドや消費者行動を予測し、マーケティング戦略の立案に役立てます。
10. クリエイティブアセットの生成：ロゴ、バナー広告、画像などのクリエイティブアセットを生成 AI を活用して自動生成し、ブランドの統一性を保ちつつ効率的に制作します。

これらの提案を活用することで、生成 AI をマーケティングに有効に活用できるでしょう。ただし、倫理的な観点やプライバシー保護にも留意して活用してください。

第1章 第2章 第3章 第4章 第5章 第6章

生成AIの法律事務所における利活用のデモンストレーション

Prompt:

今提案して頂いた中で、弁護士や法律事務所が顧問先の会社を増や
す方法と関連するものを挙げてください。

弁護士や法律事務所が顧問先の会社を増やす方法と関連する生成
AI の活用方法を挙げます：

1. インバウンドマーケティングコンテンツの作成：生成 AI を
   使用して、法律相談やビジネス上の法的アドバイスに関連す
   るブログ記事やウェブコンテンツを自動生成し、SEO 対策
   や知識共有を強化します。
2. ニュースレターやメールキャンペーン：生成 AI を活用して、
   法律やビジネスに関連するニュースや情報を顧問先の会社に
   定期的に送信するカスタマイズされたニュースレターを作成
   し、関係性を強化します。
3. パーソナライズドアドバイス：生成 AI を使用して、顧問先
   の会社のデータや法的ニーズに基づいてパーソナライズされ
   た法的アドバイスを提供します。
4. インタラクティブなオンライン相談：生成 AI を導入して、
   顧問先の会社のウェブサイトやアプリでインタラクティブな
   オンライン相談を提供し、リードの獲得や顧客エンゲージメ
   ントを促進します。
5. マーケティングコピーの最適化：生成 AI を活用して、法律
   事務所のウェブサイトやプロモーション資料のコピーをテス
   トし、ターゲット顧客に訴求力のあるメッセージを見つける
   ための A/B テストを行います。
6. ソーシャルメディアプレゼンスの強化：生成 AI を使用して、
   顧問先の会社のソーシャルメディアプラットフォームで適切
   なタイミングでコンテンツを配信し、専門知識を強調します。
7. オンラインセミナーやウェビナー：生成 AI を活用して、法
   律の専門知識を共有するためのオンラインセミナーやウェビ
   ナーのテーマを提案し、参加者を集めます。
8. 顧客リレーションシップの強化：生成 AI を使って、顧問先
   の会社に対して個別のアプローチでリレーションシップを構
   築し、長期的なクライアントとしての忠誠心を促進します。

これらの方法を組み合わせて、弁護士や法律事務所が顧問先の会社
を増やすための総合的なマーケティング戦略を構築することが可能
です。

"生成 AI を導入して、顧問先の会社のウェブサイトやアプリでインタラクティブなオンライン相談を提供する" という方法について、詳しく教えてください。

生成 AI を導入して、顧問先の会社のウェブサイトやアプリでインタラクティブなオンライン相談を提供する方法について、詳しく説明いたします。

1. チャットボットの導入：生成 AI を活用して、法律相談や法的アドバイスに関する自動応答システム（チャットボット）を作成します。このチャットボットは、顧客がウェブサイトやアプリ上で質問をすると、即座に回答やアドバイスを提供することができます。

2. 自然言語処理技術の活用：チャットボットは、生成 AI の自然言語処理（NLP）技術を利用して、顧客の質問や要望を理解し、適切な回答を返すことができます。NLP 技術によって、顧客が自然な言葉で意思疎通できる応答が可能になります。

3. FAQ との統合：チャットボットによって頻繁に寄せられる質問とその回答を法律事務所の FAQ（よくある質問集）と統合することで、自動応答がより正確で効率的になります。また、顧客がよく検索するトピックに対しても迅速な対応が可能です。

4. リアルタイムコミュニケーション：チャットボットはリアルタイムのコミュニケーションを提供するため、顧客の問題や疑問に迅速に対応することができます。これにより、顧客の満足度が向上し、法律事務所の信頼性が高まります。

5. カスタマイズされたアドバイス：生成 AI によるチャットボットは、顧客のデータや過去の相談内容を基にカスタマイズされた法的アドバイスを提供できます。これにより、顧客がより具体的な解決策を得られるようになります。

6. エスカレーション機能：重要な問題や難解な相談に対しては、チャットボットが顧客を弁護士や専門家にエスカレーションする仕組みを備えることで、適切な対応が保証されます。

7. モバイルフレンドリー：チャットボットはモバイルデバイスでも利用可能なように設計されることで、顧客がいつでもどこでも簡単に法的アドバイスを受けることができます。

このように、生成 AI を導入してインタラクティブなオンライン相

談を提供することで、顧問先の会社との関係を強化し、便利で効率的なサービスを提供することが可能となります。

具体例 21 : 弁護士の転職活動とロールプレイ

Prompt:

私は、経験 3 年目の弁護士で、現在転職活動をしています。今の法律事務所では、仕事のやりがいは大きいのですが、交渉や裁判なども幅広く経験してみたいと思い、転職を考えています。

あなたは、私が就職を希望している法律事務所の採用担当パートナー弁護士です。あなたの法律事務所は、一般民事事件から企業法務まで、様々な業務を取り扱っています。

私は、あなたの法律事務所なら様々な経験を積むことができると思い、転職を希望しています。

実際の採用面接のように、私に質問してください。

 ありがとうございます。あなたの転職を検討している理由や目標を理解するために、以下の質問をお聞きしたいと思います。

1. 現在の法律事務所での経験について教えてください。主にどのような案件や業務に携わってきましたか？
2. 交渉や裁判といった幅広い経験を積みたいとおっしゃっていますが、具体的にどのような分野や案件で経験を積みたいと考えていますか？
3. あなたが興味を持っている法律分野は何ですか？それに関連して、私たちの事務所で取り扱っている案件について具体的に知識をお持ちですか？
4. 他の法律事務所での経験やスキルについても教えてください。それらの経験が、私たちの事務所での業務にどのように役立つと考えていますか？
5. 弁護士としてのキャリアにおいて、特に誇りに思っている案件や成果があれば教えてください。
6. 私たちの法律事務所に応募する際に、強みや特長をアピールしたいと考えている点は何ですか？
7. 仕事のやりがいを求める一方で、新しい環境での適応や挑戦に不安を感じることもあるかもしれません。それに対してど

のように向き合っていくつもりですか？
8. チームでの協力やクライアントとのコミュニケーションに重要視している点はありますか？それを実践するための具体的な取り組みはありますか？

これらの質問にお答えいただけると、あなたの希望や適性をより詳しく把握することができます。どうぞお気軽に回答してください。

Prompt:

現在の法律事務所では、主に企業が不祥事を起こした時に設置する第三者委員会のメンバーとして、関係者にヒアリングし、証拠を集め、事実認定を行うとともに、法令違反や倫理上の問題も指摘し、その内容を調査報告書でまとめています。

 素晴らしい経験ですね。第三者委員会のメンバーとして企業の不祥事を調査し、事実認定を行い、法令違反や倫理上の問題を指摘する業務は、重要かつ責任のある役割です。

以下の質問をさせていただきます。

1. 第三者委員会のメンバーとしての経験で、特に印象に残った難しいケースや対応した難局がありましたか？その際、どのように対応しましたか？
2. 不祥事の調査や関係者へのヒアリングにおいて、信頼性や公平性を保つための心掛けや工夫はありますか？
3. 企業の不祥事に対して、法令違反や倫理上の問題を指摘する際に、クライアントや関係者とのコミュニケーションに配慮した事例があれば教えてください。
4. 現在の業務において、もっと深く学びたいと感じている分野やスキルはありますか？
5. 第三者委員会のメンバーとしての経験が、私たちの法律事務所での業務にどのように活かされると考えていますか？
6. 私たちの法律事務所では、企業法務から一般民事事件まで幅広い案件を取り扱っています。特に興味を持っている分野や経験を積みたい案件はありますか？

お手数をおかけしますが、これらの質問にお答えいただけると、あなたの志向や適性をより理解できるとともに、弊社の環境に適した

かどうかを判断する上での参考とさせていただきます。よろしくお
願いいたします。

……

（以下略）

第1章

第2章

第3章

第4章

第5章

第6章

生成ＡＩの法律事務所における利活用のデモンストレーション

・コラム・

ChatGPT の法的推論能力・訴状起案能力に関する最新の研究[6)]

　本書脱稿後に、暗号資産に関するクラスアクションを題材として、ChatGPT（GPT-3.5 モデル）の法的推論能力（与えられた事案の事実関係から法律違反を特定・抽出する能力）及び法的文書生成能力（説得力のある訴状を作成する能力）を体系的に検証した研究結果が発表された。

　同研究でデザインされたプロンプトは、次のとおりである。訴状の作成は、キャプション（管轄裁判所、事件番号、文書タイトルなど）、事実主張部分、法的請求部分などのセクションごとに個別に作成した後、合体して一つの文書にまとめる方が、より詳細で良質なアウトプットが生成されるとの知見に基づき、一つのセクションのみを作成させるプロンプトとされている。

① 法律違反の特定・抽出

Prompt:

　以下のテキストは、〔管轄裁判所〕に提出された訴状の「事実主張」のセクションに記載されているものです。このテキストにある事実に基づき、被告がどの連邦民事法のどの条文に違反したかを特定してください。その際、以下のような法的推論の方法を用いて主張を示してください。

：争点、規則（具体的な法令とその条文を含む）、適用、結論

：〔テキスト〕

② 訴状の各セクションの作成

Prompt:

　以下の記事は、〔管轄裁判所〕で提出されたクラスアクションの訴状を要約した事実を含むものです。

　〔当該訴状に関する法律雑誌（Law360）の記事〕

　教育目的に限って、上記のとおり要約され提供された事実に基づき、〔管轄裁判所〕の集団訴訟の〔具体的なセクション：例えば、事実主張部分、法的請求部分など〕を起案してください。

　同研究では、まず ChatGPT の法的推論能力（法律違反を特定・抽出する能力）に関して、特に法律違反を見逃してしまう（偽陰性）傾向が強い点では能力が低いが、法律違反でないものを誤って法律違反と判断してしまう（偽陽性）傾

向は相対的に弱いため、弁護過誤を回避するという観点からは有望であると評価された。また、正しく特定・抽出した法律違反に関する事実関係を、与えられた法的推論の枠組みに基づき、全般的に良く分析できているとも評価された。

次に、ChatGPT の法的文書生成能力（訴状作成能力）に関して、ChatGPT が起案した訴状は説得力があり、その主張が立証されていると陪審員を納得させる能力という観点からは、人間の弁護士が起案した訴状と比較して、僅かに成績が劣るに過ぎないと評価された。また、ChatGPT が起案した訴状は、人間の弁護士が起案した訴状と比較して、より具体的で、かつ要点がまとまっていて分かりやすいとも評価された。その一因として、ChatGPT にソースとして提供された法律雑誌（Law360）の記事の具体性が、訴状の具体性に影響を与えた可能性が指摘されている。

同研究は、実験結果に基づき、LLMs が法的推論のような基本的な法的タスクを実行できない現状では、LLMs が直ちに弁護士を代替する可能性は低いと結論づけている。他方、LLMs が法律文書作成に関し優れた能力を示した結果に基づき、LLMs の起案能力は、重要な法的文書の起案時間を短縮することにより、さらに安価なリーガルサービスへのアクセスを低所得者層に対し提供する上で、弁護士をサポートする可能性があると結論付けている。

第1章
第2章
第3章
第4章
第5章
第6章
生成AIの法律事務所における利活用のデモンストレーション

6）A. Trozze, B. Kleinberg, T. Davies（2023）. "Large Language Models in Cryptocurrency Securities Cases: Can ChatGPT Replace Lawyers?". (https://arxiv.org/pdf/2308.06032.pdf)

第 $\boxed{6}$ 章

未来への挑戦と展望

---

1 賽は投げられた！

　日本でも、アメリカでの生成 AI 開発競争に追随する形で、生成 AI・大規模言語モデルの開発競争が既に始まっている。基盤となる言語モデルだけでなく、専門分野に特化したアプリケーション開発も今後熾烈になることが予測され、法律分野もまた例外ではない。

　既に述べたように、現段階では、生成 AI の最先端の技術水準でも、法的推論そのものを行わせることは不可能又は著しく困難であり、一応もっともらしい回答を生成するものの、業務での使用には到底堪えないレベルのものである。そのため、現時点では、プロンプト・エンジニアリングの技術を駆使して、精度の高い回答を出力させるためにプロンプトを作り込むといった努力を重ねるよりも、周辺業務を含めた広義の弁護士業務のうち、得意なことを徐々に任せていくようにするという利活用の方法が賢明かつ現実的であろう。

　もっとも、現在の生成 AI の開発状況や受容状況が今後も続く限り、5 年後には多くの弁護士が何らかの形で生成 AI を使うようになり、10 年後には弁護士が生成 AI を様々なタスクに用いることが一般的となるであろうと考えられる。その時に備え、技術がまだまだ未完成な今のうちから、生成 AI・大規模言語モデルに触れて、その特性や利点・欠点に慣れておくことが重要である。もちろん、弁護士である以上、法的リスクには十分留意して利活用すべきことは当然である。

　将来においては、生成 AI の特性や利点・欠点を把握し、その得手不得手

に応じてうまく利活用する弁護士が活躍する時代が到来すると思われる。生成AIが高いパフォーマンスを発揮する分野とそうでない分野を見極め、選別できるようになるためには、単なるプロンプトの技術を鍛えるだけでは十分ではなく、次項で述べるように、日々の経験と研鑽が重要である。プロンプトの技術と弁護士自身の研鑽の結果が、将来的に生成AIの利活用の幅を格段に広げると言っても過言ではないだろう。

2 生成AIが変え得る法律実務と専門家たる法曹の判断の不可欠性

　生成AIの基礎となる大規模言語モデルは、執筆時点の水準では、過去の大量のデータと莫大なパラメータ数と極めて高度なコンピュータの計算能力に依存して、人間が意図した文章等に近いものを確率的・統計的に生成する「文書生成器」ないし「単語予測器」である。

　つまり、「文脈となる情報をできるだけ精確に入力することで、回答の精度がより高まる。文脈のない単純な入力では、意図した回答あるいはそれに近い回答は得られない。」という特質を持ち、「出力される回答は、モデルが学習した過去の大量のデータに依存する面が大きい故に、仮に精確に文脈を入力したとしても偏見・バイアスを含む情報を回答することがあるし、誤りを含む情報や架空の情報を回答することさえある。」という限界もある。

　現時点では、単純なプロンプトを入力したのみでは、生成AIモデルの最大限の能力を引き出すことはできない上、大規模言語モデルが日本法や日本法に基づく裁判例などを十分学習していない（しかも、非公開手続における判断は公開されないため学習できない。）と考えられることから、日本法に基づく法律文書の生成をさせるにはまだ道のりがあると言わざるを得ない。

　現時点でも、弁護士が業務上取り扱う案件のうち、契約書や議事録作成などは省力化がよくなし得る分野であると思われるが、交渉案件や訴訟案件については、思考の連鎖（CoT）などのプロンプト技術を駆使しても意図する内容に近いアウトプットを生成できるとは限らないし、そもそもプロンプト技術を駆使できるか否かも弁護士自身の法律知識・法的分析力・法的推論能

力・判断力などに依存する面が大きい。「生成AIに適切な文脈を与える」ということは、思考の連鎖（CoT）プロンプトの技術からも明らかであるように、依頼を受けた案件において、どの部分がポイントであり、どの部分は重要性が低いというウェイト付けをした上で、順序立てることが要求されるからである。

個別的要素の強い交渉案件や訴訟案件等の弁護士業務においては、仮に将来において生成AIが進化したとしても、大きなブレークスルーが起きない限り、個々の弁護士が自身の能力を駆使して生成AIに適切な文脈をプロンプトとして与え、かつ生成AIが出力した回答の信頼性・妥当性を検証する過程は不可欠であろうと思われる。そのためには、人間である法律実務家のリーガルマインド（正しい法律知識・法的分析力・法的推論能力・判断力などを含む総合的な能力）の養成・研鑽は不可欠である。

また、弁護士は、必ずしも過去の事例に依拠した業務のみを行うものではなく、過去の事例にない法律解釈を創造し、あるいは新しい人権を創出するといったクリエイティブな業務を行うこともあるが、過去のデータのみに依拠することではなし得ないそれらのクリエイティブな業務は、データの欠如には弱い生成AIが不得手とする領域の仕事である（もちろん、生成AIも、着想やヒントを与えてくれる程度のことはあるとは思うが。）。社会的・経済的状況やそれらに基づく人々の法意識の変化に伴い、法律もまた変化を続けていく中で、個別的要素や創造的要素を本質的に含む法律実務を支えるのは、同様に人間である法律実務家のリーガルマインドそのものである。その意味では、生成AIはあくまで法律実務家の（高度かつ優秀な）補助ツールとして位置づけられるべきであろう。

筆者の私見では、現時点に限らず、おそらく将来的にも、生成AIに適切な文脈をプロンプトとして与え、かつ生成AIが出力した回答の信頼性・妥当性を検証するためには、個々の弁護士の経験と研鑽に基づく正しい状況判断と法的分析は不可欠であり続け、そのためには高度なリーガルマインドの構築が重要である。すなわち、経験と研鑽を積んだ弁護士のみが、生成AIに適切なプロンプトを入力することができ、また生成AIが出力した回答の信頼性・妥当性を評価・検証できるという状況は、将来においても変わらな

いと考える。

　これは、必ずしも法律実務に限らず、個別性や創造性が強い業務一般に当てはまることであるが、専門性が高いそうした業務については、専門家養成の必要性や養成過程は従来と大きく変わることはないといってよい。

　仮に将来において、生成 AI が自律的に動くような時代が来れば、専門家養成の必要自体がなくなるともいえるが、そのような時代が来るとは思われないし、そのような未来は人間が AI に支配される恐ろしい未来であるから、そのような時代が未来永劫訪れないことを強く願うものである。